Basteln

UTE & TILMAN MICHALSKI

BASTELN

UTE & TILMAN MICHALSKI

RAVENSBURGER BUCHVERLAG

Dank an Monika Gerber für die Ratsche, Seite 12 –
die Küken, Seite 17 – die rote Schlange, Seite 72 und
die Katzentische, Seite 74 und an Helga Gernandt für
die kleinen Filzstiefel, Seite 43.

9 8   03 02

© 1995 Ravensburger Buchverlag Otto Maier GmbH
Gesamtgestaltung und Illustration:
Tilman Michalski
Fotos: Ute Michalski
Redaktion: Elke Dannecker
Printed in Slovenia
ISBN 3-473-41083-7

INHALT

Tri-Tra-Trommelkasper	6
Zirkuszauber	8
Kreisel treffen sich zum Tanz	10
Schellen-Ursli	12
Großer Wanderhase	14
Wenn die Osterglocken läuten	16
Schule im Wald	18
Hasenfrauen im Filterkleid	20
Blütennester	22
Windhase	24
Es kriecht und krabbelt	26
In den Klippen	28
Frische Kräuter!	30
Hinter den sieben Bergen	32
Fensterblumen	34
Ein Kuß für Mutter Maus	36
Schatzwächter	38
Kunterbunte Filzbälle	40
Kleine Filzstiefel	42
Mohnika	44
Gemusterte Filzmatten	46
Glücksgans, Entenvogel und Punkthuhn	48
Nachtblaue Sternentasche	50
Vögel im Raps	52
Leuchter aus Ton	54
Blick in ein Pharaonengrab	56
„Ra", das Boot des Sonnengottes	58
Einladung zum Sommerfest	60
Steglaternen	62
Nächtlicher Ballonflug	64
Schwimmendes Seerosenlicht	66
Indianernacht	68
Auf der Sonneninsel	70
Schlangenzischelstunde	72
Katzentisch und Krokodilhocker	74
Prächtiges Fleckvieh	76
Was darf es sein?	78
Ein guter Fang	80
Firma Maus, Transporte aller Art	82
Ferienflotte	84
Alpenflieger	86
Römisches Windwagenrennen	88
Nimm mich mit, Kapitän…	90
Besuch vom kleinen Vampir	92
Zeitreise ins Universum	94
Strandsommer	96
Einfälle aus Abfällen	98
Philemon im Baum	100
Erster Schultag	102
Windscheiben	104
Bilder für den Himmel	106
Luftjongleure und Windgaukler	108
Zaungäste	110
Die Gebrüder Zampano	112
Bananen, Melonen und Äpfel	114
In der Farbkreidezeit	116
Herbstblätter und Schneesterne	118
Wenn der Sternenanzünder kommt	120
Kräftige Knacker	122
Weihnachtsmanntreff	124
Nikolaus war da	126
Baumschmuck	128
Himmlische Engelsbäckerei	130
Stille Nacht	132
Am Weihnachtsmorgen	134
Das Schloß der Schneekönigin	136

Tri-Tra-Trommelkasper

„Setzt bunte Hüte auf, malt euch ein Faschingsgesicht und kommt heraus aus euren Stuben!", ruft der Trommler mit der roten Nase. „Däng, däng – däng, däng – Fasching, Fastnacht, Karneval!" scheppern seine Dosentrommeln, und die Schellen bimmeln dazu.

„Alle Bewohner des Städtchens, groß und klein, sind eingeladen zu Mummenschanz und Konfettitanz auf dem Marktplatz!"
Kopf und Körper des Trommelkaspers werden mit einer Laubsäge oder elektrischen Stichsäge aus einer ca. 1,7 cm starken Leiste gesägt. Mit

Raspel und Feile werden die Kanten gerundet, Nase und Mütze spitz zugefeilt. Arme, Beine und Füße bestehen aus Vierkantleisten. Durch die mit Säge und Feile modellierten Hände werden kleine Löcher gebohrt, in die später die Enden der Trommelschlegel gesteckt werden. Nach dem Bemalen der Holzteile mit farbiger Tusche und Dispersionsfarbe werden Holzkörper, Beine und Füße auf das eingeschnittene Wagenbrett geleimt. Mit einem Stück Draht (∅ 2 mm), durch ein Loch in Schulterhöhe, werden die Arme am Körper befestigt. Bevor die Schlaufen der Drahtenden mit einer Flachzange im Rund zusammengedrückt werden, hängt man die kleinen Schellen ein. Beim Vorderrad werden die Leisten für die Achse bündig in die 2,5 cm breiten Schlitze des Wagenbrettes geleimt; hinten kleben sie seitlich am Wagenbrett und an den Beinen (siehe Schraffur). Mit Hilfe einer Flachzange werden in die Hinterachse zwei 2 cm lange Wellen gebogen. Mit einer zweiten Zange verdreht man die beiden Wellen, so daß sie im rechten Winkel zueinander stehen. Dies ist das Geheimnis des ungleichen Trommelschlages! Zwei gleich lange Drahtstangen (∅ 1 mm) werden mit ihren Ösen in die Wellen der Hinterachse gehakt, durch die beiden rückwärtigen Einschnitte des Wagenbrettes geführt und an zwei Nägeln am Ende der Armhölzer befestigt. Die Räder des Trommelwagens stammen aus dem Bastelgeschäft. Das Vorderrad dreht sich locker um die Achsstange. Die Hinterräder müssen fest mit der Achse verbunden werden. Zur Sicherung werden zwei kurze Nägel mit breitem Kopf an der Außenseite der Räder, dicht neben dem Bohrloch, eingeschlagen. Die Trommeldosen werden mit einem Stück Draht festgebunden.

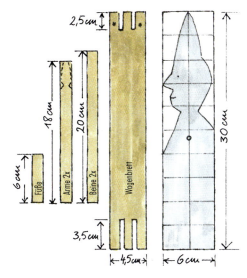

Trommelkasper

Leiste: 30 x 6,0 x 1,7 cm
Leiste: 30 x 4,5 x 1,7 cm
Leiste: 46 x 2,5 x 0,5 cm
Vierkantleiste: 88 x 1,5 cm
Draht: 2 mm stark
Draht: 1 mm stark
2 Blechdosen
2 Holzräder: 2,5 cm stark; ∅ 10 cm
1 Holzrad: 1 cm stark; ∅ 7 cm
4 Schellen
2 Unterlegscheiben
2 Holzperlen

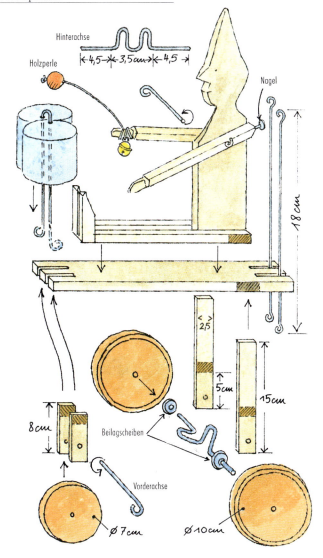

ZIRKUSZAUBER

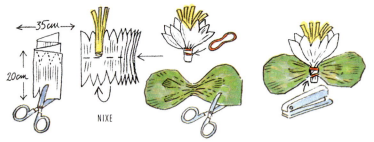

NIXE

„Kommen Sie, staunen Sie! – über Lena, die einzige Wasserfrau, die in offener Manege durch einen Reifen taucht, oder über Katharina Schmetterling und ihren weltberühmten Blumentanz. Lachen Sie über die Späße unserer Clowns Harlekino, Pepe und Bonbon, und bewundern Sie Ulli, das rechnende Pferd. Lassen Sie sich verblüffen von der Poesie unseres Seifenblasen-Jongleurs, der Geschicklichkeit von Minz und Maunz, den beiden radschlagenden Katzen, und seien Sie bezaubert von Labim, dem Wundermagier, der vor ihren Augen drei echte Gummibärchen in seinem geöffneten Rachen verschwinden läßt!"

Die Kostüme für die Galavorstellung auf der Faschingsparty sind aus Kreppapier schnell hergestellt. Wichtig für das Gelingen ist, daß die Laufrichtung des Papiers beachtet wird. Sie ist auf der Zeichnung der Arbeitsanleitung durch Striche markiert.

Nixe

Für die Seerosenblüten der Wasserfrau wird ein weißer Kreppapierstreifen handbreit ziehharmonikaartig zusammengelegt; aus den Schnittkantenrändern werden dann die Blütenblattformen herausgeschnitten. Durch mehrmaliges Umschlingen mit einem Gummiring werden die Blüte und der gelbe Blütenkern zusammengehalten. Grünes Kreppapier wird in der Mitte gerafft und die Ecken rund zu Seerosenblättern geschnitten. Der Kranz für den Kopf besteht aus

NIXEN-KRANZ

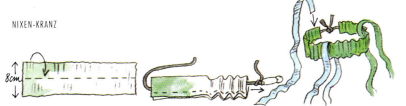

Nixen-Kranz	Schmetterling
Kreppapier	Kreppapier
Gummiring	Gummiring
Hosengummi	Blumendraht (1 mm)
Hefter	Wattebällchen
Schere	Schere

einem grünen Kreppapierstreifen, eineinhalbmal so lang wie der Kopfumfang. Er wird mit Heftklammern zusammengezwickt. Ein Stück Hosengummi, in der Länge des Kopfumfanges, wird durchgezogen und verknotet. Die Seerosenblüten und Blätter werden mit Heftklammern am Kranz befestigt.

Schmetterling

Katharina Schmetterling hat ihre Haare aus der Stirn gekämmt und hält sie mit einem Haargummi am Hinterkopf zusammen. Mit im Haargummi steckt der Schmetterlingskörper ihrer großen Schleife. Ein locker geknüllter Kreppapierball wird in einen Bogen grünen Kreppapiers gehüllt und der Rest des Bogens zum Schmetterlingskörper gedreht. Um den Kugelkopf werden die Fühler aus Blumendraht und gelbem Kreppapier geschlungen. Anschließend werden Augen aus Wattebällchen und ein Saugrüssel aus Papier aufgeklebt. Zwei Kreppapierstreifen werden zu Flügeln gerafft und mit einem Gummiring am Schmetterlingskörper befestigt.

Clowns

Die Hüte der Clowns entstehen alle nach dem gleichen Prinzip: Eine oder zwei Kreppapierbahnen, in der Länge des Kopfumfanges (bei Pepe kleiner), werden zusammengelegt und mit Heftklammern zusammengezwickt. Sie werden mit einem Gummiring zusammengerafft oder mit einem Geschenkband verschlossen. Die roten Papierfransen an Harlekinos Hut werden wie die Seerosenblütenblätter gefertigt.
Harlekinos Halskrause besteht aus einem 80 cm langen Baumwollband, einem aufgeklebten Stück Doppelklebeband, in der Länge des Halsumfanges, und weißem Kreppapier. Gefältet wird das Kreppapier auf das Klebeband gedrückt, in der Mitte geknickt und zur Krause umgeschlagen.
Das Band zum Umbinden von Bonbons gelber Halsschleife wird wie diese von einem Kreppapierstreifen in der Mitte zusammen- und festgehalten.

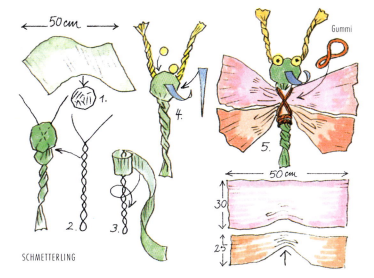

SCHMETTERLING

Clown-Mützen
Kreppapier
Gummiringe
Doppelklebeband
Hefter
Schere

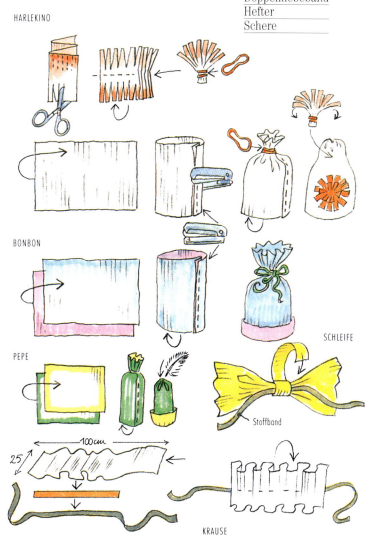

HARLEKINO

BONBON

PEPE

SCHLEIFE

Stoffband

KRAUSE

Kreisel treffen sich zum Tanz

Jeder bekommt seinen Soloauftritt. Voll Vergnügen drehen sie sich über das Pflaster und lassen dabei ihre Farben fliegen. Wenn ihnen schwindelig wird, legen sie sich zur Seite: „Der nächste, bitte!"

Von einer kräftigen Papröhre wird ein 10–15 cm langes Stück gerade abgesägt. Die Schnittlinie läßt sich am besten mit Hilfe eines Stück Papiers in entsprechender Breite markieren. Boden und Deckel der Kreiseltrommel bestehen aus Sperrholz. Sie sind bündig mit der Papröhre und werden mit der Laubsäge ausgeschnitten. Die Mitte der Scheiben, das heißt die Stelle für die Bohrung, kann man mit einem gleich großen Kreis aus Papier ermitteln: Zweimal zusammengefaltet und wieder auseinandergestrichen, zeigt der Kreuzungspunkt der Faltlinien die Mitte des Kreises an. Hier wird durch das Papier in die Holzscheibe gestochen und markiert. Das Bohrloch hat dieselbe Stärke wie die Kreiselachse (Ø 8–10 mm). Mit Holzleim werden die Sperrholzscheiben auf die Papröhre geklebt und das Rundholz in den Bohrlöchern befestigt. Mit Hilfe einer Kordel (50–60 cm), die durch ein Haltebrettchen (2,5 x 0,5 cm) gezogen wird, bekommt der Kreisel seinen „Drall". So wird gestartet: Kreisel senkrecht auf den Boden stellen, Haltebrettchen an das Rundholz drücken und Kordel zügig durch das Loch des Brettchens ziehen. Es macht nichts, wenn dabei der Kreisel seine Bodenhaftung verliert.

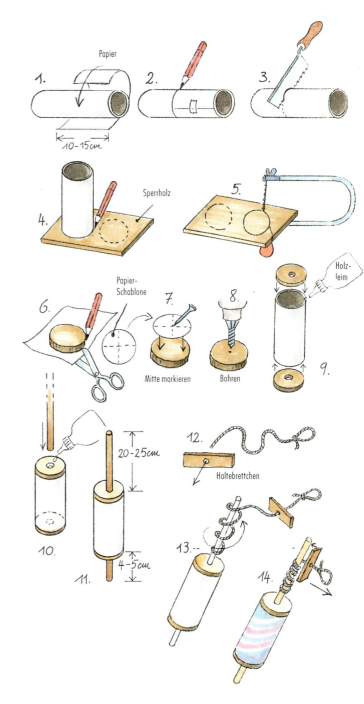

Kreisel

Pappröhre
Bleistift
Papier
Sperrholz: 0,5 cm stark
Laubsäge
Bohrer: Ø 8–10 mm
Holzleim
Kordel: 50–60 cm lang

Schellen-Ursli

Ende Februar, Anfang März feiern die Schweizer Kinder im Unterengadin das „Chalandamarz-Fest". Die Buben schlüpfen in blaue Kittel, setzen sich rote Mützen auf und hängen sich Kuhglocken um die Schultern. Mit den Glocken bimmeln sie laut und schnarren dazu mit hölzernen Ratschen, wenn sie durch den Ort und um die Brunnen herum ziehen. Sie wollen mit ihrem Getöse den Winter vertreiben, der sich in den Bergdörfern besonders lange hält. Der hölzerne Ursli wird mit einer Laubsäge oder einer elektrischen Stichsäge aus einem ca. 40 cm langen Brett gesägt.

Ratsche

Eine Holzspatel (aus der Apotheke) wird auf 14 cm gekürzt und zwischen Vierkantholz und Leiste geklebt. Damit kein Spalt entsteht, wird sie in eine eingefeilte oder ausgestemmte Nut im Vierkantholz gedrückt. Auf das Holzrad wird mit Hilfe einer Papierschablone ein Stern gezeichnet, mit einem Nagel das Bohrloch markiert und dann gebohrt. Mit einer Fein- oder Bügelsäge wird der Stern aus dem Rad gesägt und auf den Rundstab geklebt. Die beiden Ratschenleisten (Bohrlöcher: ⌀ 10,5 mm) werden von oben und unten über das Rundholz geschoben und die Hölzer des Spatelhalters dazwischen geklebt

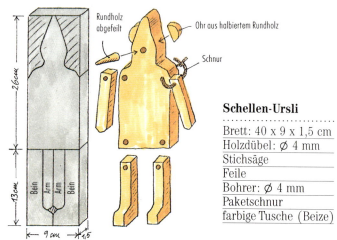

Schellen-Ursli

Brett: 40 x 9 x 1,5 cm
Holzdübel: ⌀ 4 mm
Stichsäge
Feile
Bohrer: ⌀ 4 mm
Paketschnur
farbige Tusche (Beize)

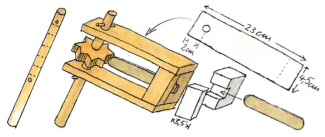
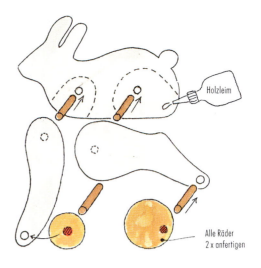

(mit der Zwinge zusammendrücken, bis der Leim trocken ist!). Durch die im Griff fixierten Holzstifte wird die elastisch federnde Spatel in Zahnradhöhe gehalten und schnarrt beim Schwingen der Ratsche laut von Zahn zu Zahn.

Ratsche

Rundholz: 25–30 cm lang; ⌀ 10 mm
Hartholzrad: 1 cm stark; ⌀ 4,5 cm
Leisten: 23 x 4,5 x 1,5 cm
Vierkantholz: 3,5 x 3,5 x 3,5 cm
Leiste: 3,5 x 3,5 x 0,5 cm
Holzspatel
Rundholzsplinte: 2 cm lang; ⌀ 3 mm
Dispersionsfarbe

Hoppelhase

Auf Rädern, bunt wie Ostereier, hüpft das schwarzweiße Kaninchen durch das Kinderzimmer und darf auf der Bank vor dem Haus in die ersten Märzsonnenstrahlen schnuppern.
Die Hinterräder sind nicht genau in der Mitte der Achse befestigt und schaffen dadurch den „Hoppeleffekt". Unser Kaninchen mißt vom rosa Schnäuzchen bis zum Schwanz 20 cm. Es wird aus einem Fichtenbrett gesägt: einmal der Körper, je zweimal Vorder- und Hinterläufe. Auch die Vorderräder (⌀ 4,5 cm) und Hinterräder (⌀ 5,5 cm) werden aus dem Brett gesägt. Durch die Pfotenspitzen der Vorder- und Hinterläufe werden Löcher von 9 mm Durchmesser gebohrt, denn die Rundhölzer der Achsenstangen bewegen sich locker in den Hasenbeinen, sind aber fest mit den Rädern verleimt. Die Löcher zum Befestigen der Beine am Körper und die Achsenlöcher haben einen Durchmesser von 8 mm. Beim Hinterrad befinden sie sich nicht im Mittelpunkt, sondern 8 mm vom Rand entfernt.

Hoppelhase

Fichtenbrett: ca. 50 cm lang; 1,9 mm stark
Holzdübel: ⌀ 8 mm
Achsenrundhölzer: 5 cm lang; ⌀ 8 mm
Bohrer: ⌀ 8 mm und 9 mm
Lackfarbe
Holzleim

Grosser Wanderhase

Im Wald riecht es nach Seidelbast, und die erste Hummel brummelt durchs Unterholz. Jetzt schlüpft der große Wanderhase in seine feine Ausgeweste mit den Perlmuttknöpfen, bindet sich ein Halstuch um, schnürt die Wanderstiefel, sucht sich die Eier-Abholtasche aus der Kommode und greift zum Wanderstab. Hinaus aus dem Wald, über Wiesen und Felder geht es in die Dörfer. Manchmal bleibt er stehen, spitzt die Löffel und lauscht auf Hühnergackern. Wenn er in den Vorgärten von Kindern entdeckt wird, dann ist die Freude groß, denn immer hat er für sie eine süße Überraschung im Beutel.

Der leichte Körper des Hasen bekommt seinen festen Stand durch die schweren Wanderstiefel, in denen seine Pappröhrenbeine (Teppichrolle) stecken. Für den Kopf, die Arme und den Körper werden birnenförmige, längliche und runde Luftballons mit kleisternassen Zeitungspapierbögen bezogen (zwei bis drei Lagen übereinander). Die beiden Ballons von Ober- und Unterkörper werden mit Klebeband fixiert und in eine Schüssel gesetzt, damit sie beim Kaschieren nicht wegrollen können. Die länglichen Ballons der Arme werden in Schulterhöhe mit geknüllter Zeitung keulenförmig verdickt. Der Kopf-Ballon wird so gedreht, daß der Nippel nach vorn, zur Schnauze, zeigt. Aus geknülltem Zeitungspapier kann er noch ein zusätzliches Schnauzenpolster bekommen. Mit glatten, kleisternassen Papierstreifen wird es angeklebt – ebenso die Ohren.

Für sie wird ein länglicher Luftballon, nachdem die Zeitungsschichten getrocknet sind, am Nippelende gekappt und der Länge nach halbiert. Von der Pappröhre werden mit der Feinsäge zwei gleich lange Stücke für die Beine gesägt und ein handbreites Stück für den Hals. Der getrocknete Ballonkörper wird auf die Beinröhren gesetzt; diese beiden Stellen markieren (die Röhren mit Filzstift auf dem Ballon umrunden!). Das Innere der beiden Kreise wird mit der Schere sternförmig eingeschnitten (ein Loch in den Mittelpunkt stechen und 6- bis 8mal zum

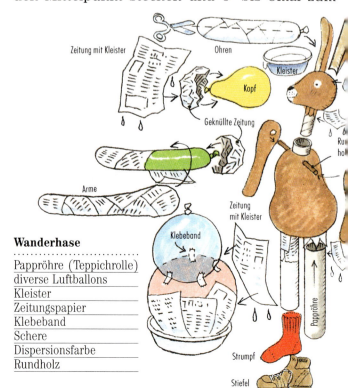

Wanderhase

Pappröhre (Teppichrolle)
diverse Luftballons
Kleister
Zeitungspapier
Klebeband
Schere
Dispersionsfarbe
Rundholz

Rand schneiden). Die Segmente werden nach außen geklappt und die Röhren bis zum Anschlag in das entstandene Loch geschoben. Mit Kleisterpapierstreifen werden die Segmente an die Pappröhre geklebt. Auch die Halsröhre und die schlanke Röhre an der Unterseite des Kopfes werden so befestigt. In Schulterhöhe wird ein Rundholz durch den Ballon des Oberkörpers geschoben. Hier werden die Arme aufgehängt. Sie sind, wie der Kopf, beweglich und abnehmbar. Mit Dispersionsfarbe werden alle Hasenteile bemalt.

Wenn die Osterglocken läuten

… dann wird es aber höchste Zeit für das Eierlegen! Oder ist das Nest schon gefüllt? Wer den Mümmelmann an seinen Löffeln hochhebt, weiß Bescheid.

Hase im Nest

2 Luftballons
Kleister
Zeitungspapier
Karton
Schere
Dispersionsfarbe
Pelzrest

Wie ein Kaffeewärmer sitzt der Hase auf dem Nest. Der Körper ist hohl und unten offen, und viele Köstlichkeiten können sich darunter verbergen. Zwei Luftballons werden für Körper und Kopf aufgeblasen und mit zwei bis drei Lagen kleisternassem Zeitungspapier kaschiert. Der Kleister wird dabei mit der flachen Hand über die Zeitungsbögen gestrichen, die Bögen auf die Ballons gelegt und glattgestrichen. Mit kleineren Zeitungsstreifen wird der Kopf an den Körper geklebt.

Für das Nest wird der Hase auf ein Stück Karton gesetzt, mit einem Stift handbreit umfahren und der Karton ausgeschnitten. Als Nestrand werden kleisternasse Zeitungsbögen locker zusammengerafft, zu Wülsten gedrückt und um den Kartonrand geklebt. Ein Zeitungsbogen voll Kleister, über Wulst und Karton gebreitet, hält alles zusammen. Nach dem Trocknen werden Hase und Nest mit Dispersionsfarbe bemalt und ein Stummelschwänzchen aus Watte oder einem Pelzrest wird angeklebt.

Küken aus Holz

trippeln durch das frische Grün – sie sind auf ihrem ersten Osterspaziergang!

Von einer Bohle (9 x 5 cm) wird ein 9 cm langes Stück gesägt. Auf die Längsseite des Holzblocks wird die Seitenansicht eines Kükens gezeichnet. Überflüssige Teile werden in geraden Schnitten mit der Feinsäge entfernt (siehe Schraffur in der Zeichnung). Da sich der Körper an Kopf und Schwanzende verjüngt, wird die Kükenform auch in der Draufsicht gezeichnet und entsprechende Teile weggesägt. Alle Kanten werden mit der Raspel gerundet, mit Holzfeile und Schleifpapier (grobe und feine Körnung) geglättet.

Für den Schnabel wird ein Stück Rundholz (Ø 4 mm) angespitzt und in ein entsprechendes Loch im Kopf geklebt. Die Beine aus 6 mm starken Rundhölzern stecken im Vogelkörper und in einer Astholzscheibe.

Küken aus Holz

Bohle: 9 x 5 x 7 cm
Rundholz: Ø 4 mm / 6 mm
Feinsäge
Raspel
Feile
Schleifpapier
Astholzscheibe
gelbe Holzbeize
Bohrer
Holzleim

Schule im Wald

Die Sonne scheint, und das Klassenzimmer ist leer. Die Schüler Pieps Waldmaus, Sophie Meise, Fred Hase und Dino Saurier haben ihre Hefte auf den Schultischen liegengelassen und sind mit ihrem Lehrer, Herrn Mümmelmann, zum Turnunterricht auf den Moospolsterplatz gegangen. Sie üben dort Purzelbaumschlagen, Kastanienfangen und spielen „Schau nicht um, der Fuchs geht rum!" Für den anschließenden Heimatkundeunterricht und die Biologiestunde hat Herr Mümmelmann schon eine Landkarte von den Ostseen und ein Huhn (aus Salzteig) aus der Lehrmittelkammer geholt.

Die Zwergschule fürs Kinderzimmer wird von den Kleinsten aus der Puppensammlung besucht. Die Schiefertafel auf der Rückwand ist zum Herausnehmen und kann von Lehrer und Schüler beschrieben werden.

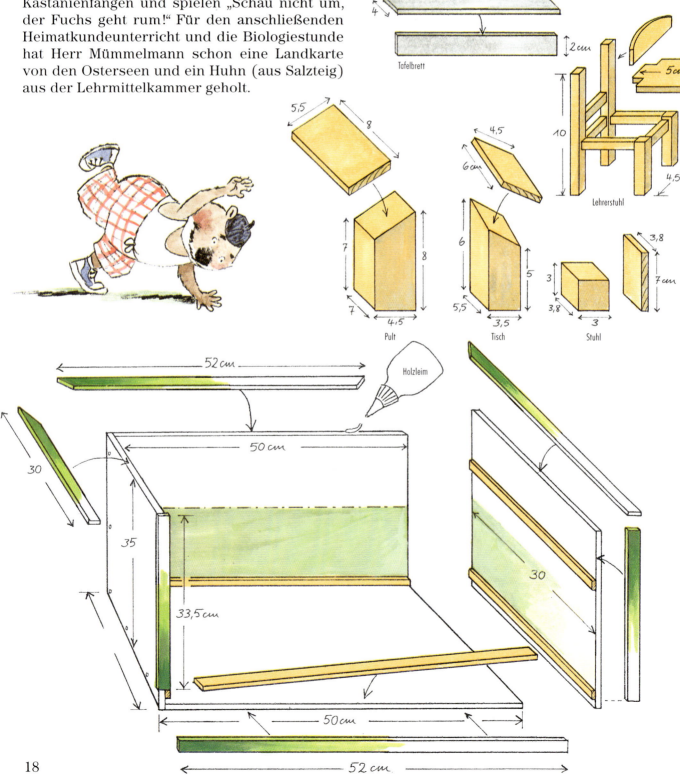

Vor dem Zusammenkleben werden die Wände der Schulstube gestrichen. Beide Seitenwände und die Rückwand werden dazu eng aneinandergeschoben und auf eine Zeitungsunterlage gelegt. Über alle drei Platten, in 15 cm Höhe, wird ein Streifen Abdeckband geklebt: Zuerst wird der obere Teil der Wände mit einer Lackrolle mattweiß lackiert; nach dem Trocknen und Abdecken des weißen Randes wird der untere Teil hellgrün gestrichen. Mit Hilfe eines Schwämmchens wird der hellgrüne Sockel mittelgrün getupft und zwischen zwei Abdeckstreifen ein gerader mittelgrüner Sockelrand gezogen. Das Bodenbrett wird mit 13 goldgelb gebeizten Leisten beklebt und mit Rück- und Seitenwänden umklebt. Senkrecht aufgeklebte Bodenleisten verbinden Boden und Wände. Die Schnittkanten der Sperrholzplatten werden mit dunkelgrün gestrichenen Leisten „verblendet".

Das Brett der Tafelablage wird auf eine abstützende Leiste geklebt und an der Rückwand befestigt (kleben, von rückwärts nageln). Pult und Schülertische werden aus unterschiedlich starken Leisten schräg herausgesägt, die Stühle aus einem Vierkantholz. Die Tischplatten, aus flachen Leisten, ragen etwas über ihre Sockel. Wie die Lehnen der kleinen Stühle werden sie mit Holzleim angeklebt. Der große Lehrerstuhl wird aus Vierkanthölzern (5 x 5 mm und 3 x 3 mm) zusammengeleimt und bekommt Sitzfläche und Lehne aus 2 mm starken Sperrholzresten aufgeklebt. Mit Lackfarbe wird er grün bemalt.

Schule

Sperrholz: 0,5 cm stark	Abdeckband
Leisten	Lack weiß und grün
Latten	Holzbeize gelb
Holzleim	kleine Nägel

Hasenfrauen im Filterkleid

"Bunt" ist in diesem Frühjahr angesagt, und „Kleider, luftig, weit und bunt sind in diesem Frühling Hasenmode! Die Kleider gibt es nicht von der Stange, sondern aus einer Packung „Kaffeefiltertüten 1 x 4", und jedes Kleid ist ein Modell, denn jedes Muster ist einmalig.

Handelsübliche Ostereierfarben stehen in Bechern verteilt bereit. Die Filtertüte wird, damit sie in das Gefäß paßt, locker zusammengerollt, mit einer Wäscheklammer gefaßt und in das erste Farbbad getaucht. Die flüssige Farbe steigt sofort in die Höhe. Wer ein mehrfarbiges Kleid wünscht, zieht deshalb die Filterrolle gleich wieder aus der Farbe heraus, wendet sie und faßt das nasse Ende mit einer zweiten Wäscheklammer. Nun wird die trockene Seite in eine andere Farbe getaucht. Wer es noch bunter treiben will, der wiederholt den Färbevorgang nach dem Trocknen der Filtertüte noch einmal mit anderen Farben. Dabei aber immer kürzer eintauchen, denn von den vorhergehenden Farben sollen noch Streifen sichtbar bleiben! Das trockene Kleid wird über eine Papprolle gestülpt und ein hartgekochtes, braunes Ei als Kopf darauf gelegt. Das Gesicht wird mit Filzstiften, am besten Lackmalern, gezeichnet, und die Hasenohren werden aus Packpapier geschnitten und aufgeklebt.

Hasenfrauen

Kaffeefiltertüten
Ostereierfarbe
Wäscheklammern
Papprolle
Eier
Filzstifte
Packpapier

Blütennester

Mit Speck fängt man Mäuse, und Osterhasen lassen sich gerne mit hübschen Blütennestern locken. Für die großen Blüten wird je eine Kaffeefiltertüte locker zusammengerollt und mit Hilfe einer Wäscheklammer in die gewünschte Eierfarbe getaucht. Nach dem Trocknen wird der obere Rand der Tüten zu Blütenblättern eingeschnitten. Eine Käseschachtel und die Stengel der Blumen aus Papprollen werden mit Dispersionsfarbe bemalt. Die Papprollen werden an einem Ende eingeschnitten und die nach außen gedrückten Laschen auf den Käseschachtelboden geklebt. Aus einem Eierkarton werden drei Schälchen geschnitten, ihr Rand gezackt und auf die Papprolle gesetzt. Die Blütenkelche werden in die Kartonschälchen gedrückt und mit einem hartgekochten Ei beschwert.

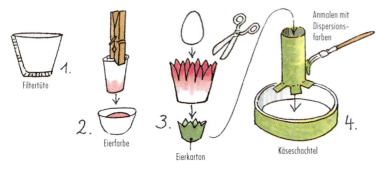

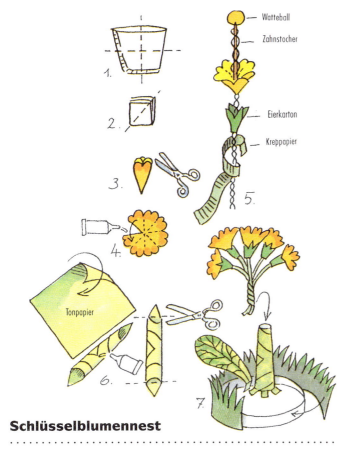
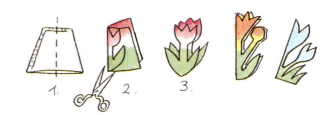

Schlüsselblumennest

Die Kaffeefiltertüten werden wie ein Faltdeckchen zusammengelegt und rundgeschnitten. Mit einer Wäscheklammer werden sie in gelbe Ostereierfarbe und nach dem Trocknen noch einmal kurz, nur die Spitzen, in orange Farbe getaucht. Nachdem alles getrocknet ist, wird die Form des Blütenblattes in den Rand geschnitten und die Rosette geöffnet. Aus der Papierscheibe wird eines der acht Kreissegmente geschnitten, die beiden Segmente werden daneben übereinandergeklebt. So entsteht ein flacher Kelch.

In gelbe oder hellgrüne Wattebälle wird ein Zahnstocher geklebt und ein ca. 25 cm langes Stück Blumendraht daran befestigt. Die Mitte des Drahtes wird dabei unter dem Watteball an den Zahnstocher gedrückt und der Restdraht erst um den Zahnstocher gedreht und dann „verwunden". Der Zahnstocher und der gewundene Blumendraht werden durch die Blütenkelchmitte und den gezackt eingeschnittenen Becher eines Eierkartons (spitzer Kegel) geschoben. Alle Stengel der Blütendolde werden mit grünen Kreppapierstreifen umwickelt (Enden ankleben!), zusammengefaßt und in das Rohr des Schlüsselblumenstengels geschoben. Der Stengel kann eine längere Papprolle sein oder aus einem DIN-A4-Bogen Tonpapier diagonal gerollt werden. Wie bei den Blütennestern ist er am Boden einer Käseschachtel, eines Waschpulverkartons oder auf einer Kartonscheibe befestigt. Die grünen Blätter der Pflanze und der Grasrand des Osterkörbchens sind aus Tonpapier und werden mit Dispersionsfarbe bemalt.

Eier im Blumenschmuck

Eier mit Blumen aus gefärbtem Kaffeefilterpapier zieren den Osterfrühstückstisch oder überraschen zwischen den Schneeglöckchen.
Die Filtertüten werden wie bei den Kleidern der Hasenfrauen (Seite 20) gefärbt. Eine der beiden Tütenseiten wird dabei aber immer in die Farbe Grün getaucht. Nach dem Trocknen wird die Filtertüte in der Mitte gefaltet, an der Seite mit dem Falz eine halbe Blume aufgezeichnet und mit spitzer Schere ausgeschnitten. Aufgeklappt werden die Faltschnittblumen mit Kleister betupft und auf die Eierschale geklebt (mit kleisterfeuchtem Finger über die Ränder streichen!).

Blütennester	Schlüsselblumennest	Eier im Blumenschmuck
Kaffeefiltertüten	Kaffeefiltertüten	Kaffeefiltertüten
Ostereierfarben	Ostereierfarbe	Ostereierfarbe
Eierkarton	Wäscheklammern	Wäscheklammern
Wäscheklammern	Eierkarton	Bleistift
Schere	Wattebälle	Schere
Käseschachtel	Zahnstocher	Kleister
Papprolle	Blumendraht	
Eier	2 Bögen Tonpapier	
Dispersionsfarbe	Käseschachtel	
	Dispersionsfarbe	

Windhase

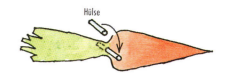

Meister Lampe schnuppert nach dem Wind. Wenn der Wind stärker wird, schwirrt dem Hasen die Rübe um die Nase.
Die Hasen-Windfahne wird mit der Blechschere aus dünnem Weißblech geschnitten. Das Blech wird auf eine dicke Zeitung oder ein Weichholzbrett gelegt und, um es zu versteifen, mit einem großen Zimmermannsnagel punziert. Das heißt: kleine Dellen werden, ca. 5 mm vom Rand, entlang der Umrißform hineingeklopft. Auch die Innenform erhält ihre Festigkeit durch eine punzierte Fellstruktur (von beiden Seiten des Bleches hineintreiben, nicht durchstechen!). Der untere Wiesenrand der Windfahne wird, ebenfalls aus Gründen der Stabilität, gefalzt und 3 cm nach oben umgeklopft. Der Stahldraht wird mit Hilfe von Schraubstock und Hammer nach 15 cm im rechten Winkel geknickt und auf das Hasenblech gelötet.

Aus dem Restblech wird die Rübe geschnitten und der Drehpunkt für das Achsenloch ermittelt: Rübe auf Leiste legen – wenn sie nach keiner Seite mehr kippt, liegt sie im Gleichgewicht –, die Stelle markieren und durchstechen. Durch das Loch wird eine Hülse geschoben und angelötet. Hase und Rübe werden mit wetterfestem Lack grundiert und mit Acrylfarbe bemalt. Nach dem Trocknen wird die Rübe wie eine Propellerschraube verwunden und über das vorstehende Drahtende an der Nasenspitze geschoben, das Drahtende wird umgebogen.

Auf ein Rundholz mit vorgebohrtem Loch gesetzt, dreht sich der Hase im Garten im linden Frühlingslüftchen.

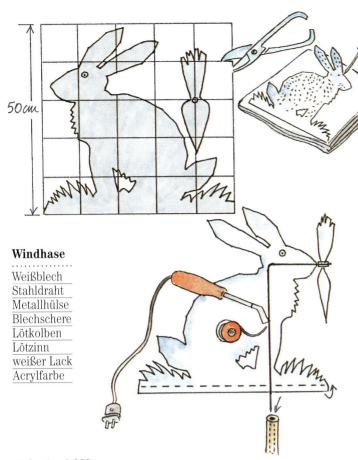

Windhase

Weißblech
Stahldraht
Metallhülse
Blechschere
Lötkolben
Lötzinn
weißer Lack
Acrylfarbe

Windschiff

Vor dem Fenster, auf dem Balkon, lenkt der erfahrene Kapitän seinen Dampfer durch jeden Wind: Der Anker ist gelichtet, die Kessel stehen unter Dampf – jetzt noch eine Prise Wind, und schon beginnt sich die Schiffsschraube zu drehen. Auf dünnes Aluminiumblech wird die Umrißform des Schiffes gezeichnet und ausgeschnitten. Durch Eindellen mit einem Zimmermannsnagel erhält das Blech seine Festigkeit: Die gepunkteten Linien auf der Längsseite werden erst von der einen, dann von der anderen Seite des Schiffes in das Blech getrieben. Die Laschen für die Halterung der Schiffsschraube werden zu einer Hülse gedreht und der Achsendraht hineingeschoben. Die Schiffsschraube wird mit einer Papierschablone auf eine Scheibe aus dünnem Weißblech (Ø ca. 5 cm) gezeichnet und ausgeschnitten. Ihr Mittelpunkt wird mit dem Vorstecher gelocht, die Flügel „verwunden" und eine Metallhülse durch das Loch geschoben und angelötet. Zusammen mit einer Glasperle wird die Schraube auf den Achsendraht gesteckt und die Enden des Drahtes durch Umbiegen gesichert. Die senkrechte Achse des

Schiffes ist eine Alu-Stricknadel mit „Kopf". Sie steckt in einer gerollten und einer gewellten Haltelasche (siehe Zeichnung).
Mit farbigen Lacken bekommt das Schiff einen wetterfesten Anstrich.

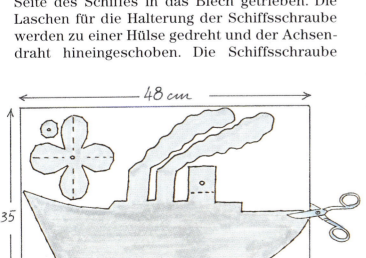

Windschiff

Aluminiumblech: 48 x 35 cm
Alu-Stricknadel: 35 cm lang
2 Glasperlen
Draht
Lackfarbe

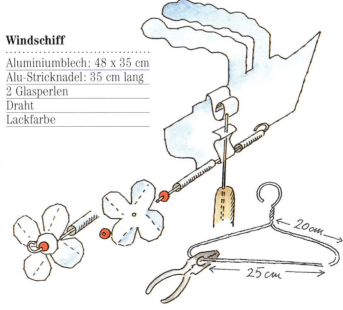

Es kriecht und krabbelt

Es huscht und zappelt unter Blättern hervor oder über sonnige Steine – Echsen, Molche, seltsame Salamanderwesen!
Aus weicher Tonerde entstehen die kleinen Krabbeltiere – durch den Brand in einem Tonbrennofen werden sie zu harter Keramik.
Die Körper der Schnecken und Echsen werden aus spitz zulaufenden Tonschnüren und -wülsten geformt. Fühler und Haus der Schnecke, Zunge, Augen, Rückenkamm und Schuppen sowie die Füße der Echsen werden mit Ton und eventuell mit Hilfe eines Modellierholzes gut am Körper befestigt. Mit einem Messer und einem stumpfen Bleistift werden Schuppen in die Körper, Zehen in die Füße und Pupillen in die Augen gedrückt. Beim Bemalen kann die ganze Glasurfarbenpalette ausprobiert werden.

Echsen und Schnecken

roter Ton
Glasurfarben
Messer
stumpfer Bleistift

Formen mit Ton

Ton ist zu Staub gewordener Stein. Er entsteht durch die Verwitterung feldspathaltiger Urgesteine (Granit, Gneis, Quarzporphyr).
Die Farbe des feuchten Tones stimmt meist nicht mit jener im gebrannten Zustand überein. Sie wird vom Anteil verschiedener Oxyde bestimmt: Ockerfarbener Ton wird nach dem Brand ziegelrot (Eisenoxyd), grauer wird schwarz (Manganoxyd, Aluminiumoxyd), hellbeiger wird rosa; nur weißer Ton (Kaolin) bleibt weiß.
Bevor die Tonarbeit das erste Mal gebrannt wird (Schrühbrand), muß sie vollkommen trocken sein. Sind Arbeiten im Kern noch feucht, springen sie im Tonbrennofen. Die Trockenzeit richtet sich nach der Größe des Objektes und dauert mehrere Tage. Für die Tonarbeit ist es die kritische Phase: Das Wasser schwindet aus den Poren, der Gegenstand schrumpft. Spannungen entstehen, Risse können sich bilden, Platten sich werfen und nur mit Wasser befestigte Teile wieder abfallen. Es ist wichtig, daß der Ton langsam trocknet (nicht in die Backröhre legen!) und daß angefügte Teile mit Ton befestigt und verstrichen werden.

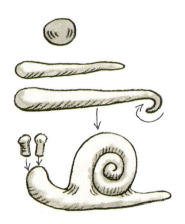

Durch einen zweiten Brand mit Glasurfarbe (Glasurbrand) kann die Oberfläche der rauhen, geschrühten Keramik („Scherben") geschmückt und wasserundurchlässig gemacht werden. Die Glasur bildet einen glasartigen Überzug, denn wie bei Glas ist auch ihr Hauptbestandteil Quarzsand. Erfahrene Töpfer mischen sich ihre Glasur nach eigenem Rezept. Im Fachhandel sind sie in vielen Farben in Pulverform erhältlich. Scherben, gefärbt mit Engobe (Tonerde mit Farbpigmenten) benötigen keinen zweiten Brand. Die Farben werden jedoch durch einen zusätzlichen Brand mit Transparentglasur intensiver und die Keramik wasserfest. Weiße Zinnglasur auf geschrühtem Ton läßt sich gut mit Majolikafarben mustern (Kachelmalerei). Die Glasuren werden mit Wasser versetzt und angerührt, bis sie von dünnsahniger Beschaffenheit sind. Die Keramiken werden mit der Flüssigkeit entweder begossen oder besprüht, in sie eingetaucht oder mit dem Pinsel (schnell, denn die Farbe trocknet sofort!) bemalt. Auf ihrer Oberfläche bildet sich eine „Mehlschicht", die im Brennofen schmilzt. Unter den „Fuß" (Auflagefläche) gelaufene Glasur muß mit einem feuchten Schwamm entfernt werden, weil die Keramik sonst im Ofen festbäckt.

In den Klippen

Hoch über der Meeresbrandung haben Seeschwalben, Tölpel und Möwen ihre Brutkolonie.

Nest-Schälchen und Vogel-Deckel sind aus weißem Ton geformt. Für das Schälchen wird eine tischtennisballgroße Tonkugel mit der Hand flachgeklopft, bis sie kleinfingerdick ist. Der Rand der Tonscheibe wird gleichmäßig rund, wenn die Scheibe locker zwischen Daumen und Zeigefinger auf der Unterlage gerollt wird. Drei bis fünf fingerdicke Tonschnüre, mit flacher Hand aus Tonkugeln gerollt, werden übereinander auf den Schälchenboden gedrückt und die Fugen innen mit Ton (nicht mit Wasser!) verstrichen. Den Vogelkörper bildet eine tischtennisballgroße Tonkugel, auf Fingerbreite flachgeklopft. Flügel und Schwanz aus flachgedrückten Tonwülsten sowie der Kopf werden mit Ton an der Körperplatte festgestrichen. Ein Ring aus Ton auf der Unterseite der Platte verhindert, daß der Deckel von der Schale herunterrutscht. Das Nestschälchen trocknet mit aufgelegtem Vogel-Deckel ca. 8 Tage, dann kann es im Tonbrennofen bei 950 °C vorgebrannt werden. Vogel und Nest werden mit Majolikafarben glasiert: Beide Teile werden in suppig angerührtes Zinnweiß getaucht. Nach dem Trocknen müssen die Unterseite des Schälchenbodens und der Tonring auf der Unterseite des Vogels mit einem Schwämmchen und Wasser wieder von der „Mehlschicht" des Glasurpulvers gereinigt werden, da sie sonst an diesen Stellen im Tonbrennofen festbacken würden. Für das Muster des Federkleides werden kleine Mengen der Majolikafarben Gelb, Braun, Blau und Schwarz in Wasser angerührt und mit einem weichen Pinsel schnell aufgetragen. Nach dem Glasurbrand (bei 1050 °C) sind die Nestschälchen zur Aufnahme von Strandgut und anderen Schätzen bereit.

Brütende Vögel

weißer Ton
Glasurfarbe: Zinnweiß
Majolikafarben

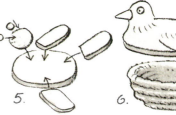

Berta, das Suppenhuhn

Berta sitzt in der Sonne und hat schöne Gedanken. Berta ist eine Tonterrine mit Deckel. Auf dem Mittagstisch hält sie die Suppe warm – oder den Hühnersalat frisch. Engobiert, aber innen unglasiert, eignet sie sich durch ihre stattliche Größe in der Küche auch gut als Behälter für frisches Brot: gut verschlossen kann es nicht austrocknen.

Den ovalen Hühnerkörper bildet ein großes Gefäß in Aufbautechnik. Da sich das Gefäß mit jedem Wulst mehr nach außen weitet, besteht bei sehr weichem Ton die Gefahr des „Absakkens". Hier ist es günstig, den unteren Teil der Schale etwas antrocknen zu lassen (lederhart), bevor man weiterarbeitet. Durch Abdecken der letzten Ringe mit Frischhaltefolie wird ein Austrocknen der Anschlußstelle verhindert. (Tip: bei längeren Arbeitspausen unfertige Tonarbeiten immer in Folie oder feuchte Tücher packen!)

Huhn

roter Ton
Engobe
Glasur: transparent/matt

Die Wandung der Schale sollte die Dicke eines kleinen Fingers nicht überschreiten – der Topf wird sonst zu schwer.

Die Aufbauarbeit verkürzt sich, wenn statt fingerdicker Wülste fingerdicke, 3–4 cm breite Tonbänder (dicker Wulst flachgeklopft) auf den stabilen Unterbau gesetzt werden. Ist das Gefäß groß genug, wird es mit immer enger werdenden Ringen und einer Tonplatte geschlossen. Damit die Platte nicht durchhängt, kann der Hohlkörper zuvor mit geknüllter Zeitung gefüllt werden. Kopf und Schwanz des Huhns werden mit Schlicker (Tonbrei) auf den Körper geklebt und mit Ton verstrichen. Ist das Gefäß leicht angetrocknet, kann es mit einem Schneidedraht halbiert werden. Eine eingeschnittene Welle verhindert später ein Verrutschen des Terrinendeckels. Das Papier wird aus dem Inneren entfernt, und Unebenheiten auf der Innenseite des Deckels werden geglättet. Noch nicht trocken, in lederhartem Zustand, wird das Huhn mit Engobe (farbige Tonerde) bemalt. Das Farbpulver wird mit Wasser sahnedick angerührt und mit dem Pinsel aufgetragen. Auf das angetrocknete blaue Flügelkleid können mit einem Spritzbällchen aus Gummi oder einem Plastikfläschchen mit Tülle weiße Tropfen gesetzt werden.

Damit Deckel und Schale nicht ungleichmäßig „schwinden", werden sie zum Trocknen aufeinandergesetzt, gut durchgetrocknet und anschließend bei 950 °C im Tonbrennofen gebrannt. Die Innenglasur der Terrine muß bleifrei sein, damit das Gefäß mit Lebensmitteln gefüllt werden kann! Die Flüssigkeit wird in Schale und Deckel gegossen und so lange geschwenkt, bis keine Stelle mehr glasurfrei ist. Überschüssige Glasur wird ausgegossen. Außen kann die stumpfe Engobenbemalung durch einen dünnen Überzug aus transparenter Mattglasur „aufgefrischt" werden. An Standfläche und Rändern von Glasur gereinigt, wird die Huhnform im Brennofen bei 1050 °C ein zweites Mal gebrannt.

Frische Kräuter!

J enseits des Flusses, gleich neben der Brücke, bietet die Kräuterfrau ihre Gewürze feil. Neben frischem Basilikum, Schnittlauch oder Petersilie führt sie alles, was Suppen, Soßen und Speisen verfeinert: Majoran und gemahlenen Paprika, getrockneten Thymian, Estragon und Maggikraut, Rosmarin und Wacholderbeeren, Nelken, Zimt und Muskatnuß. In einem Henkelkörbchen hat sie Salz und Pfeffer und kostbaren gelben Safran in einem kleinen Topf. Unter ihrem weiten Rock versteckt sie angebrochene Gewürztüten. Wenn es Abend wird, packt sie ihre Sachen zusammen und kehrt heim ins Gewürzregal.

Auf eine fingerdicke Bodenplatte wird aus ebenso dicken Tonschnüren die Becherform des Rockes aufgebaut. Gestürzt bekommt der Becher Oberkörper, Kopf, Arme und Haare angedrückt, die mit Ton gut verstrichen werden.

Die Behälter für frische Kräuter sind kleine Krüge und Vasen, die mit Wasser gefüllt werden können. Für trockene Gewürze dienen Schalen, Becher und Körbe mit einem Deckel, die dafür sorgen, daß das Aroma nicht verfliegt. Durch Eindrücken mit einem Bleistift oder Einritzen mit einem Schaschlikholz können sie gemustert – und in lederhartem Zustand mit Engobe bemalt werden. Auch die Kräuterfrau wird mit Engobe bemalt: Sie wird bis zum Hals in Weiß getaucht und nach dem Trocknen mit anderen Engobefarben verziert. Nach dem Schrühbrand bei 950 °C werden alle Gefäße innen weiß glasiert (Glasur hineinschütten, Gefäß schwenken, Glasur wieder ausschütten) und ein zweites Mal bei 1050 °C gebrannt.

Kräuterfrau

roter Ton
Engobe
weiße Glasur

Hinter den sieben Bergen

Zwischen den Alpinumsteinen steht das Haus der Gartenzwerge. Wenn es dunkel wird, kehren sie heim. Im Windfang hängen sie ihre kleinen, roten Mützen an den Haken, schlüpfen in ihre warmen Filzpantoffeln, zünden die Lichter an und kochen ihr Abendsüppchen. Aus ihrem kleinen Fernseher hören und sehen sie Nachrichten und Geschichten von Gnomen, Trollen und Schraten aus aller Welt.

Das Lichterhaus für Balkon und Garten wird aus Tonplatten zusammengesetzt. Es ist mit Engobe bemalt, und das Dach ist abnehmbar (zum Einsetzen der Teelichter!).
Für Boden, Dach, Wände und Windfang werden Schablonen aus Papier geschnitten, auf fingerdick ausgewalzten Ton gelegt und mit einem Messer umfahren. Die Tonwände des Hauses werden auf die Bodenplatte gestellt und mit

Zwergenhaus

roter Ton
Engobe
Nudelholz
Messer
Papier

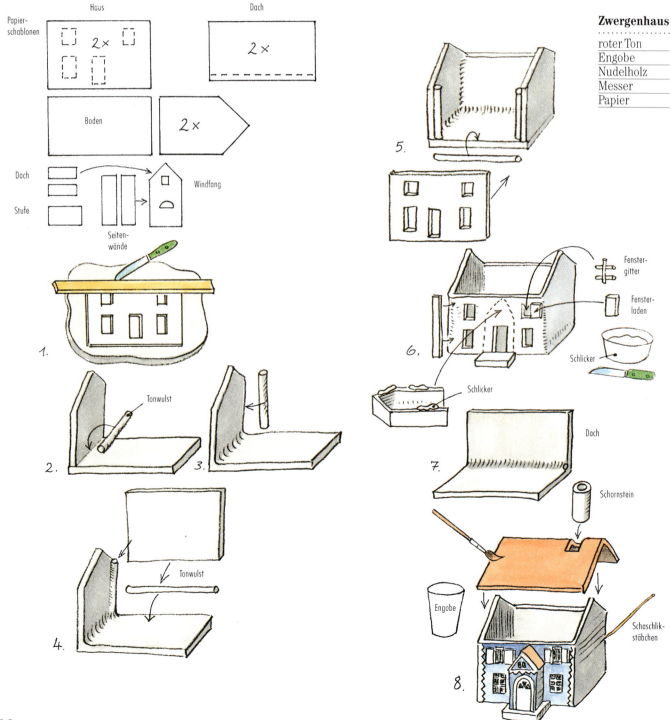

fingerdicken Tonwülsten daran festgestrichen. Windfang, Fensterläden und Schmuckbretter werden mit Schlicker (Tonbrei) angeklebt: Klebestellen mit einem Messer und kleinen Einschnitten aufrauhen, mit Schlicker bestreichen, Tonteile andrücken.

Eine der beiden Dachplatten wird in ihrer Länge fingerbreit gekürzt, im rechten Winkel auf die andere Dachplatte gesetzt und mit einem Tonwulst festgestrichen. Das Kaminloch wird eingeschnitten, der Kamin aufgesetzt und mit Ton verstrichen. Außen mit farbiger Engobe bemalt wird das Haus nach dem Trocknen im Tonbrennofen bei 950 °C gebrannt.

FENSTERBLUMEN

Das Ausschneiden von Fensterblumen hat in China Tradition. Die Blumen werden aus einem Stapel dünnen Seidenpapiers geschnitten. Dabei entsteht dieselbe Blumenform gleich mehrmals. Mit bunten Tinten werden sie anschließend gefärbt.

Auch unsere Blumenzucht auf der Fensterbank ist aus Seidenpapier geschnitten und mit dünnflüssiger Wasserfarbe koloriert. Die Farbenpracht strahlt nicht nur vom Fenster nach außen, sondern durch die Transparenz des Papiers auch in den Raum. Es gibt von jeder Blume mehrere Exemplare in wechselnden Farben.

Zwischen die Seiten eines gefalteten DIN-A3-Bogens mit der Vorzeichnung werden mehrere DIN-A4-Bögen weißen Seidenpapiers gelegt. Nach dem Ausschneiden der Blumenform werden die Seidenpapierblumen auf eine Zeitungspapierunterlage gelegt und mit einem weichen Pinsel und breiten Pinselstrichen gefärbt. Gut geeignet sind auch Aquarell- oder Ostereierfarben. Beim Bemalen mit Deckfarben ist darauf zu achten, daß die Farbe dünnflüssig vermalt wird. Mit ein paar Tupfern Kleister werden die trockenen Blumen in Blumentöpfe auf die Fensterscheibe „gepflanzt".

Bauer mit Kuh

Von der Weide heim, dem Stall entgegen, wandert ein Bauer mit seiner Kuh. Wie ein Stück Spitzengardine wirkt der Scherenschnitt am Fenster.

Beim Ausschneiden liegt unter einem Blatt mit der Vorzeichnung ein zweites Blatt Papier. Es wird zum makellosen Scherenschnitt ohne die Spuren der Vorzeichnung. Wer nicht nur ein Blatt unter die Vorzeichnung legt, sondern zwei, drei Blätter und mehr, der kann auch die Nachbarfenster schmücken mit Bauern, die ihre Kühe aufeinander zu, hintereinander her oder voneinander weg führen.

Wiesenbild

Wenn es im Garten und auf den Wiesen zu grünen und zu sprießen beginnt, dann fängt es auch auf den Fensterscheiben an zu blühen.

Das Wiesenstück, aus weißem Papier geschnitten, ist mit Pergaminpapier hinterlegt.

Wer nicht möchte, daß die Striche der Vorzeichnung am Fenster sichtbar werden, der verwende dazu zwei Bögen Papier. Auf den ersten Bogen wird gezeichnet, der zweite Bogen wird unter die Vorzeichnung gelegt, und beide Papiere werden gleichzeitig ausgeschnitten. Damit der zweite Papierbogen unter der Vorzeichnung nicht verrutscht, werden die Papiere mit Stecknadeln zusammengehalten. Der fertige Scherenschnitt wird auf einen Bogen Pergaminpapier geklebt und mit gerissenen Streifen und Schnipseln aus farbigem Pergamin weiter ausgeschmückt. Durch Lochen mit einem Vorstecher oder Nagel, auf einer Styroporunterlage, werden die Pflanzen noch zusätzlich strukturiert.

Fensterblumen

Zeichenpapier
Seidenpapier
spitze Schere
Wasserfarbe
Zeitungsunterlage

Bauer mit Kuh

Schreibmaschinenpapier
spitze Schere
Bleistift

Wiesenbild

Zeichenpapier
spitze Schere
Klebestift
Pergaminpapier
Vorstecher
Styroporplatte

Ein Kuss für Mutter Maus

Mutter Maus und ihr Mäusemädchen haben sich sehr lieb. Immer wenn Mutter Maus ihr Kind hochnimmt und sich ihre Schnäuzchen berühren, gibt es einen lauten Schmatz. Und Mutter Maus nimmt ihr Kind oft hoch: jedesmal wenn an ihrem Mäuseschwanz gezogen wird.
Die Arme der Mäusemutter sind fest an eine Achsstange und an die Arme des Mäusekindes geklebt. Der Mäuseschwanz der Mutter ist im Inneren des Körpers an der Achse befestigt. Bei jedem Zug an der Schnur wird die Achse gedreht und hebt die Arme der Mutter mit dem Mäusekind.
Mit der Spitze eines Vorstechers, in einer Flamme erhitzt, werden zwei Löcher in den großen Plastikbecher geschmolzen. Ein zugespitzter Rundholzstab soll sich locker darin drehen können. Um eine leere Fadenspule oder durch ein durchbohrtes Rundholz wird ein Stück Schnur geknüpft und mit Klebstoff fixiert, damit es nicht verrutschen kann. In das Loch der Fadenspule wird Holzleim getropft, die Spule in den Becher gesenkt und das angespitzte Rundholz als Achse durch Becher und Spulenloch geschoben (Ponalreste vom Rundholzende wischen!). Der Becher wird mit kleisterfeuchtem Zeitungspapier kaschiert. Ebenfalls aus Kleisterpapier wird ein eiförmiger Mäusekopf geknüllt und mit Kleisterpapier am Körper befestigt. Die Schwanzschnur der Mutter wird mit zwei bis drei Umdrehungen auf die Fadenspule gewickelt. Auf die Spitzen des Rundholzstabes werden zwei Scheiben Kork, auf die Korkscheiben zwei Arme aus Pappe geklebt. Wie die Mutter, so wird auch das Mäusekind über einen Plastikbecher (Joghurt) kaschiert. Mit Kleister-

papierstreifen werden seine Papparme fest am Körper befestigt. Die Arme von Mutter und Kind werden zusammengeschoben und beide mit Kleisterpapier verbunden, so daß sie eine Einheit bilden. Nach dem Trocknen wird die Schnur des Mäuseschwanzes der Mutter durch ein geschmolzenes Loch auf der Rückseite des großen Bechers gefädelt. Der Mäuseschwanz des Kindes wird mit Kleisterpapier angeklebt. Mäusemutter und Kind werden mit Dispersionsfarben bemalt und bekommen Ohren aus Leder- oder Filzresten angeklebt.

Mutter Maus und Kind

1 großer Plastikbecher (Buttermilch, Kefir)
1 kleiner Plastikbecher (Joghurt)
Rundstab
Fadenspule
Flaschenkorken
Schnur
Zeitungspapier
Kleister
Holzleim
Dispersionsfarbe
Lederrest

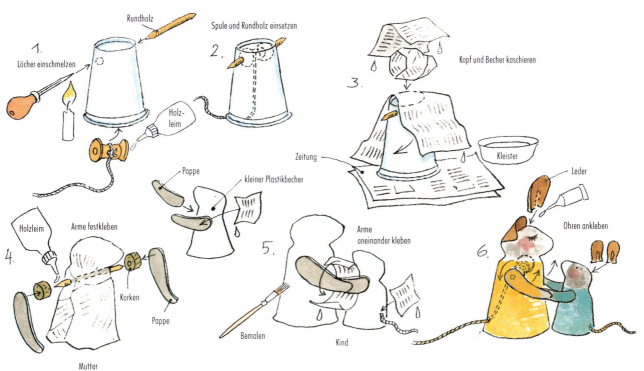

Schatzwächter

Es muß nicht immer ein Schwein sein, dem man seine „Mäuse" anvertraut. Ein Hamster, Hund und Katze – oder noch besser ein Elefant, ein zähnefletschender Leopard oder ein Dinosaurier mit Horn und Panzerkragen hüten die gesparten Schätze genausogut.

Die Körper der Spardosentiere bestehen aus Kaffeedosen mit Plastikdeckeln. Mit einem Vorstecher werden in die Längsseite der Dose zwei Löcher im Abstand von 4 cm gestochen und mit einer Blechschere ein 8 mm breiter Streifen zwischen den beiden Löchern ausgeschnitten. Die scharfen Schnittkanten werden mit Textilklebeband umklebt – später mit Kleisterpapier. Um den Deckelrand der Kaffeedose wird ein Stück Schnur gelegt und mit Klebeband an Deckel und Dose befestigt. Das überstehende Ende wird später mit Kleisterpapier zum Tierschwanz kaschiert. Er ist der „Schlüssel" zum Öffnen der Sparbüchse: Wenn man an ihm zieht, reißen Papierschicht und Klebeband von der Dose (wie bei einer Waschpulverpackung), und der Deckel läßt sich abnehmen.

Die Papprollenbeine werden vor dem Ankleben an die Dose am oberen Ende in leichtem Bogen abgeschrägt. Große, kleisternasse Bögen werden über Körper und Beine kaschiert, bevor der locker geknüllte Tierkopf angeklebt wird. Nach dem Trocknen werden die Tiere mit wasserfester Farbe (Dispersions- oder Kaseinfarbe) bemalt.

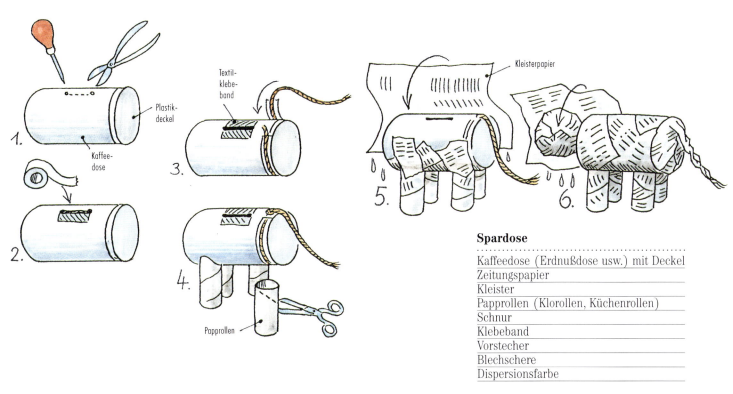

Spardose

Kaffeedose (Erdnußdose usw.) mit Deckel
Zeitungspapier
Kleister
Papprollen (Klorollen, Küchenrollen)
Schnur
Klebeband
Vorstecher
Blechschere
Dispersionsfarbe

Kunterbunte Filzbälle

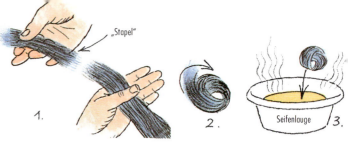

Das Handfilzen, das heißt das Herstellen eines zusammenhängenden Stückes Textil aus Schafwolle, ist älter als die Technik des Webens oder Strickens. Bestimmt war es ein Zufall, der unseren Vorfahren zu diesem Wissen verhalf. Vielleicht hat ein Jäger oder ein Hirte seine Schuhe mit weicher Schafwolle gepolstert. Als er sie nach Tagen oder Wochen aus den Lederlappen wickelte, war daraus ein festes textiles Flächengebilde geworden – Filz. Alle Voraussetzungen zur Filzherstellung waren gegeben: Feuchtigkeit, Wärme, Druck und Reibung. Ursprünge der Filzherstellung finden sich in Asien und Europa.

Das Haar des Schafes ist das einzige Tierhaar, das sich unbehandelt zum Filzen eignet.

Feuchtigkeit macht die Wollfaser elastisch. Durch Wärme, Druck und Zug dehnt sie sich, und winzige Schuppen an ihrer Oberfläche verhaken sich. Läßt der Druck nach, schrumpft die Faser wieder zusammen und bewegt sich wie eine Raupe vorwärts. Sie wandert und verschlingt sich mit anderen Fasern. Ein Stück ist gut gefilzt, wenn die Fasern der oberen Schicht auf der Unterseite der Unterschicht sichtbar werden – was bei farblich unterschiedlichen Schichten (Lagen) gut zu beobachten ist.

Schafwolle, wie wir sie zum Filzen verwenden, wird gereinigt, kardiert und naturbelassen oder farbig als „Kammzüge" (siehe Foto links) im Handel angeboten (z. B. in Web- und Spinnstuben, besonderen Wolläden, bei der Deutschen Wollverwertung in Neu-Ulm oder Paderborn). Durch das Kämmen mit einer Kardiermaschine (Walze mit Stahlstiften) ist die Wolle gelockert worden, die Fasern haben sich parallel nebeneinandergelegt, und lange Stränge, sogenannte Kammzüge, sind entstanden.

Zum Handfilzen werden außer der Kammzugwolle noch heißes Wasser (ca. 50 °C) – in einem elektrischen Einwecktopf kann die Temperatur gleichmäßig gehalten werden – und Schmierseife gebraucht. Gefilzt wird auf einem Tisch (Folie als Unterlage!) in einer Waschküche oder bei nicht zu großen Objekten auf der Spüle in der Küche. Am schönsten ist eine Filzwerkstatt im Freien! Handtücher zum Abtrocknen und Lappen zum Aufwischen sollten bereitliegen. Vor Nässe schützt sich der Filzer am besten mit einer Wachstuchschürze.

Eine einfache Filzarbeit, die auch Kinder gerne machen, ist das Filzen von Bällen. Es kann zwar eine Stunde und länger dauern, bis der Ball fertig ist – je nach seiner Größe –, doch das Rollen und Reiben der weichen Wolle zwischen den Handflächen, zusammen mit dem warmen Wasser, macht großen Spaß – vor allem wenn man sich dabei zu mehreren und plaudernd um den Topf mit Seifenlauge schart.

Eine Handvoll Schmierseife wird mit lauwarmem Wasser in einem Schöpfgefäß (Litertopf aus Plastik) mit Hilfe eines Schneebesens aufgelöst und in einen eimergroßen Topf mit 50 °C warmem Wasser gegeben. Mit trockenen Händen wird von den Kammzugsträngen Wolle gezupft: Der Kammzugstrang wird mit einer Hand ca. 50 cm vom Ende entfernt gehalten, mit der anderen Hand werden die Wollfaserspitzen des Endstückes gefaßt und daran gezogen; ohne Kraftanstrengung löst sich aus dem Strang ein „Stapel" (Haarlänge des Schafes). Aus dem Stapel wird ein Faserbüschel gelöst, zu einer klei-

4. 5.

nen Kugel gewickelt und in die warme Seifenlauge getaucht. Die nasse Kugel wird nun ganz zart zwischen den Handflächen gerollt. Erst nach einiger Zeit, wenn die Fasern „greifen" – man spürt es –, soll der Druck verstärkt werden. Die kleine Wollkugel hält jetzt zusammen und löst sich nicht mehr auf. Ein neues Faserbüschel wird um sie geschlungen, die Kugel wieder in das Seifenwasser getaucht und neu gerollt – erst mit leichtem Druck, dann immer stärker. Faserbüschel um Faserbüschel wird so um den Ball gefilzt. Zum Schluß wird der Ball in klarem Wasser gedrückt und die Seifenlauge ausgespült.

Aus den Filzbällen werden „Überraschungsbälle", wenn Schellen und Klangkugeln, Nußschalen, gefüllt mit Steinchen, oder auch andere Hohlkörper mit klingender Geräuschfüllung eingefilzt werden.

Ball

Kammzugwolle
Schmierseife

Kleine Filzstiefel

Schuhe, Hüte und Mützen, Handschuhe und andere Hohlformen lassen sich ohne Nadel und Faden aus Wolle und Seifenlauge und mit Hilfe von Schablonen aus „Filzplatten" modellieren.

Auf „europäische Art" wird eine Filzplatte so hergestellt: Von den Kammzügen werden breitgefächerte Stapel gezogen und flach in Reihen nebeneinandergelegt, überlappend wie die Schindeln eines Daches. Weil das fertige Filzstück schrumpft, sollten die ausgelegten Stapelreihen an beiden Seiten ca. 4 cm über das später gewünschte Maß stehen. Nun kommt eine zweite „Dachlage" über die erste. Die Wollfasern müssen sich dabei kreuzen und werden deshalb quer zur ersten Schicht gelegt. Die Stapelreihen werden senkrecht zur ersten Schicht gelegt.

Auf den flauschigen Wollfaserteppich wird vorsichtig, vom Mittelpunkt nach außen, heißes Seifenwasser gegossen, nur so viel, wie die Wolle aufsaugen kann. Die Fasern dürfen nicht in der Lauge „schwimmen". Mit den Händen wird die Wolle leicht angedrückt, bis alles gleichmäßig durchtränkt ist. Nun beginnt man mit kreisenden Handbewegungen und zartem Druck der Fingerkuppen, die Wolle vom Mittelpunkt aus zu bearbeiten. Spürt man, daß sich die Fasern verdichten, wird der Druck verstärkt, bis man auf dem Wollstück flach mit beiden Händen hin und her reiben kann. Die Fasern dürfen dabei nicht zusammengeschoben werden, damit keine Löcher oder Wülste entstehen (nicht zu schnell fest drücken!). Fransende Ränder können vermieden werden, wenn man an den Rändern mit den Handkanten auf und ab reibt. Halten die Fasern zusammen, kann das Filzstück gewendet und von der anderen Seite bearbeitet werden. Ab und zu wird das kalte Seifenwasser ausgedrückt und abgegossen und die Wolle mit neuem, heißem Wasser getränkt. Die Seife dient dabei als Gleitmittel.

Der Filzvorgang ist beendet, wenn alle Fasern fest zusammenhängen. Nun beginnt das Walken. Will man weichen, lockeren Filz, so genügt das wiederholte Drücken und Kneten des Filzstückes in einer Schüssel mit heißer Lauge. Bei stärker beanspruchtem Filz rubbelt man das Stück unter starkem Druck auf einem Waschbrett. Man taucht es immer wieder in die heiße Lauge, rollt es zusammen und wechselt beim Reiben die Richtung. Stellen, die besonders fest gerubbelt

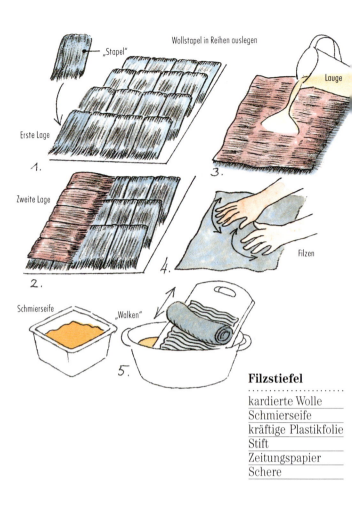

Filzstiefel

kardierte Wolle
Schmierseife
kräftige Plastikfolie
Stift
Zeitungspapier
Schere

werden, schrumpfen besonders stark. Wer kein Waschbrett zur Verfügung hat, kann sich auch mit der geriffelten Ablaufplatte eines Spülbeckens behelfen.

Nach dem Walken wird das Filzstück fünf- bis sechsmal mit klarem Wasser gespült; dem letzten Spülwasser wird ein Schuß Essig beigefügt. Jeder Stiefel besteht aus zwei Filzplatten in Stiefelform, deren Ränder zusammengefilzt werden. Mit Hilfe eines seitlich aufgelegten Schuhs werden zwei Schablonen aus kräftiger Plastikfolie geschnitten. Für einen Stiefel werden zwei davon auf den Arbeitstisch gelegt und mit je zwei Lagen weißer Wolle in unterschiedlicher Reihenfolge belegt (siehe Zeichnung). Bis auf das Einstiegsloch des Stiefels steht die Wolle überall noch 4 cm über den Schablonenrand. Die Wolle der Stiefelform wird mit heißer Lauge begossen und bis zum Schablonenrand angefilzt (siehe Filzplatte). Der 4 cm breite, überstehende Wollrand bleibt trocken! Halten die Fasern zusammen, wird die Stiefelplatte und der trockene Wollrand auf die Folie umgeschlagen. Mit der zweiten Stiefelhälfte wird (bei geänderter Lage der Stapelreihen!) genauso verfahren. Mit ihrem feuchten Teil wird sie auf die Folie und

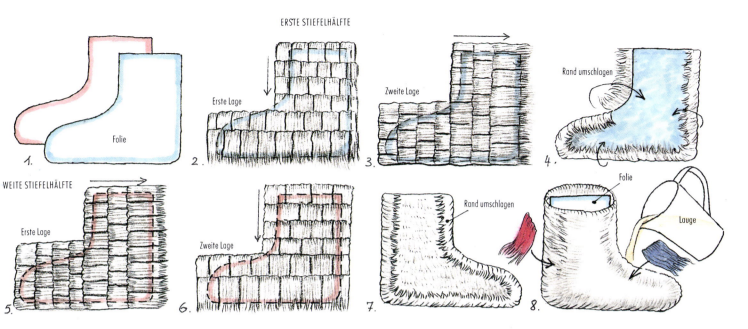

den trockenen, umgeschlagenen Rand der ersten Stiefelhälfte gelegt. Ihr trockener Überstand wird außen um die erste Stiefelhälfte gelegt; beide Stiefelteile werden mit bunten Wollfasern belegt, gut mit heißer Lauge getränkt und zusammengefilzt.

Durch das unterschiedliche Auflegen der Wollagen beider Stiefelhälften kreuzen sich nun die Wollfasern der Ränder und verbinden sich bei Reibung miteinander.

Auch von innen, mit der Hand zwischen dem Stiefelrand und der Plastikschablone, werden die Ränder vorsichtig gefilzt. Beim Walken wird die Form der Stiefel immer wieder überprüft und an entsprechenden Stellen leichter oder fester gerieben.

Mohnika

Es waren einmal ein König und eine Königin, die bekamen eine Tochter. Es war ein Kind von besonderem Liebreiz, mit heller Haut und Haaren fast so rot wie Mohn. Deshalb gaben ihm die Eltern den Namen Mohnika. Zum ersten Wiegenfest bekam Mohnika eine blaue Henkeltasse geschenkt und einen bunten Ball. Sie waren beide aus Filz und wurden ihr liebstes Spielzeug. In der Tasse sammelte es Kastanien und Nüsse – mit dem Ball tobte es nimmermüde durch Schloß und Garten. Eines Tages, als das Mädchen wieder im Garten spielte, fiel der Ball in ein tiefes Loch. So sehr es auch suchte, es konnte ihn nicht wiederfinden und fing bitterlich zu weinen an. „Warum weinst du, kleine Prinzessin?" hörte es plötzlich ein dünnes Stimmchen neben sich fragen. Vor dem Mädchen saß ein dunkler, putziger Geselle und blinzelte in die Sonne. Mohnika wischte sich die Tränen aus den Augen und klagte ihr Leid. Der kleine Kerl überlegte eine Weile, dann sprach er: „Ich will dir einen Vorschlag machen: Ich bringe dir den Ball zurück, und du läßt mich dafür mitspielen!" Erstaunt blickte ihn das Mädchen an: „Wie willst du denn mit mir ‚Fangen und Werfen' spielen?" Da richtete sich der kleine Kerl auf, legte eine seiner großen Schaufelhände vor die Brust und verbeugte sich: „Gestatten, daß ich mich vorstelle: Mein Name ist Maulwurf, Max Maulwurf. Ich werfe mit dem Maul!" und dabei zuckte er mit dem rosa Schnäuzchen durch die Luft. Mohnika blickte ungläubig – doch es ging wunderbar! Nachdem der Maulwurf den Ball aus dem Loch geholt hatte, spielten die beiden auf dem Rasen vor dem Schloß, bis der große Gong zum Abendessen rief.

Puppe

kardierte Wolle
Schmierseife
Nadel und Faden
Holzleim
Stoffmalstifte

Tasse

kardierte Wolle
Schmierseife
Büchse
Nadel und Faden

Maulwurf

kardierte Wolle
Schmierseife
Nadel und Faden

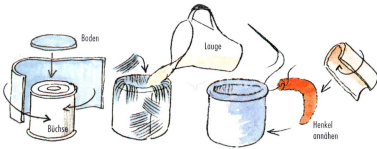

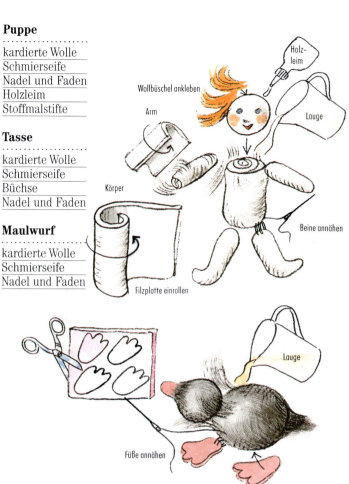

Puppe

Der Puppenkopf besteht aus einem Filzball. Der Puppenkörper ist eine handgefilzte „Platte". Sie wird um einen Kern aus Woll- und Filzresten gerollt und mit Wollsträhnen und heißem Seifenwasser unter Reiben zusammengefilzt. Für Arme und Beine werden ebenfalls Filzstücke gerollt und mit Wolle und Wasser zusammengefilzt und modelliert. Der Kopf wird durch Anfilzen am Körper befestigt. Nach Ausspülen der Seifenlauge und dem Trocknen von Rumpf und Gliedern werden Arme und Beine an den Körper genäht und Haar aus stapellangen Wollbüscheln in Reihen übereinander um den Kopf geklebt. Über die Klebestelle am Oberkopf wird ein Haarbüschel nach vorne über das Gesicht geklebt und nach dem Trocknen des Klebstoffes mit einer Schleife nach rückwärts gebunden. Augen, Nase und Mund werden mit Stoffmalstiften gezeichnet.

Tasse

Für die Tasse wird ein Filzplattenstreifen um eine Konservenbüchse zusammengefilzt und mit übereinandergelegten Wollsträhnen und Seifenlauge der Tassenboden angefilzt. Aus einem Plattenstück wird der Henkel gerollt und nach dem Trocknen an die Tasse genäht. Die Büchse wird entfernt.

Maulwurf

Für den Maulwurf werden ein rosa Filzball mit angefilzter Schnauze und ein schwarzer Filzball mit angefilztem Schwanz mit schwarzer Wolle aneinandergefilzt. Die Füße werden aus einer rosa Filzplatte geschnitten und an den Körper genäht.

Gemusterte Filzmatten

Die Nomadenvölker der weiten Steppen Asiens wohnen in Jurten; das sind runde Zelte mit einem Kuppeldach, die sie aus großen Filzbahnen herstellen. Dazu haben sie eine besondere Technik entwickelt: Die geschorene, ungewaschene Schafwolle wird in mehreren Lagen auf Matten ausgebreitet und mit Wasser begossen. Die Matten mit der Wolle werden um ein rundes Pfahlstück zu einer großen Walze gewickelt. Die Walze wird entweder stundenlang von der ganzen Familie von Hand rhythmisch hin und her bewegt – und dazwischen immer wieder mit Wasser begossen –, oder sie wird in eine Yakhaut gewickelt, an ein Pferd gebunden und rollend nachgezogen. Da die Wolle nicht gereinigt wird und sie deshalb ihr natürliches Wollfett (Lanolin) behält, bilden das Filzdach und die Wände der Jurte einen hervorragenden Regenschutz – das Wasser perlt einfach ab.

Uns reicht als Unterlage für kleinere Filzflächen eine Strandmatte. Wer Größeres vorhat, besorgt sich ein Rollo aus dünnen Bambusstäbchen in der gewünschten Größe. Die Zugschnüre und das Bambusrohr am Ende werden abgetrennt. Wie beim europäischen Filzen werden von der kardierten Kammzugwolle Stapel gezupft (siehe Seite 40) und in Reihen und Lagen auf die Matte gebreitet. Die Richtung der Wollfasern der ersten Lage muß gegenläufig zur Lage der Binsen oder der Bambushölzchen sein. Schon beim Auslegen der zweiten Lage kann durch den Wechsel verschiedenfarbiger Stapel gemustert werden. Ebenso können auf eine einfarbige zweite Lage aus andersfarbiger Wolle z. B. Flecken, Ringe, Wellen und andere Muster aufgelegt werden. Faserbüschel, aus dem Stapel gezupft, werden dabei zwischen den Fingern zusammengezwirbelt, in Form gelegt und auf den Wollgrund gedrückt. Es lassen sich handversponnene Wollfäden in Schlingen und Schlaufen auflegen oder bunte Stapelsträhnen in rhythmischer Reihung filzen. Der Phantasie sind keine Grenzen gesetzt. Die Wolle wird mit reichlich heißer Seifenlauge aus einer Einsprühflasche besprengt und mit den Händen vorsichtig angedrückt, bis sie gut durchtränkt ist. Die Matte mit der Wolle wird zu einer Rolle gewickelt – nicht zu fest, mit leichtem Spiel – und mit den Händen erst mit leichtem Druck, dann fester werdend rhythmisch hin und her bewegt. Die Hände wandern dabei auf der

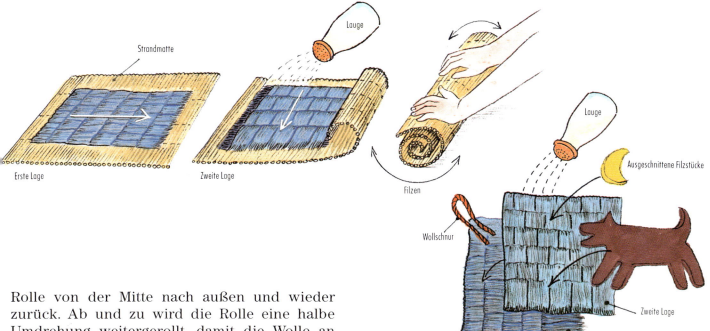

Rolle von der Mitte nach außen und wieder zurück. Ab und zu wird die Rolle eine halbe Umdrehung weitergerollt, damit die Wolle an allen Stellen gleichmäßig unter die Druck- und Schiebebewegung kommt. Die Wollfaser greift und beginnt zu filzen, wenn sie nicht mehr an der Matte haftenbleibt. Zur Kontrolle wird dazu die Matte immer wieder entrollt, das Filzstück in eine andere Laufrichtung gedreht und mit heißer Seifenlauge eingesprengt (kalte Lauge vorher ablaufen lassen!). Hängen die Fasern fest zusammen – bei zweifarbigen Lagen zeigen sich Farbfasern der Oberschicht auf der Unterseite der unteren Lage –, kann das Filzstück auf einem Waschbrett von Hand gewalkt (siehe Seite 42) oder mit einem Feinwaschmittel bei 50 °C in der Waschmaschine gewaschen werden. Die Waschtrommel sollte dabei auch mit anderer Wäsche gefüllt sein. Gewalkter Filz kann später bedenkenlos wiederholte Male in der Waschmaschine gewaschen werden – er läuft nicht mehr ein.

Topflappen

Für die Topflappen wird die Wolle in zwei Lagen ca. 25 x 25 cm ausgelegt. Auf die blaue Wolle des linken Lappens wird ein gelber Mond und ein roter Hund, aus Filzresten geschnitten, auf die oberste Wollage gelegt und durch Filzen appliziert. Der linke Topflappen bekommt einen hellen Grund und ein Muster aus dünnen ausgelegten Wollsträhnen. Der Aufhänger des Topflappens, eine Schlaufe aus gezwirbelter oder gesponnener Wolle, muß nicht angenäht werden, sondern wird mit seinen Enden an einer Ecke des Filzstückes zwischen die trockenen Wollagen gelegt und mit- und festgefilzt.

Filzmatten und Topflappen

kardierte Wolle
Schmierseife
Strandmatte
Einsprühflasche
Filzstücke
Wollschnur

Glücksgans, Entenvogel und Punkthuhn

Die drei Kissentiere, mit gezupfter Rohwolle gefüllt, sind etwas zum Liebhaben, zum Spielen oder Ausruhen.
Für ihre Körper wird die Wolle auf der Matte gefilzt. Die Stapelreihen werden dazu doppelt so lang wie die Tierkörper – plus 4 cm „Schrumpfzugabe" auf allen Seiten – ausgelegt. Beim Entenvogel, dem längsten Vogel des Trios, ist es eine Länge von gut 70 cm und eine Breite von ca. 32 cm.

Über die erste braune Lage seines wolligen Federkleides wird als zweite Lage schwarze, braune und blaue Wolle gelegt, auf die braunen Partien kommen Strähnen von Weiß (siehe Zeichnung). Die Gans besteht aus zweilagigem weißem und das Huhn aus zweilagigem schwarzem Filz. Auf die ausgebreitete schwarze Wolle der zweiten Lage werden beim Huhn Punkte, aus weißen Filzresten geschnitten, aufgelegt und mit eingefilzt. Von jeder Vogelform werden aus Zei-

Vögel aus Filz

kardierte Wolle
Schmierseife
Matte
Sprühflasche
Schere
Nadel und Faden
Tieraugenknöpfe
Rohwolle zum Füllen

tungspapier zwei Schablonen (ohne Schnabel, mit 2 cm Nahtzugabe) geschnitten, auf die Filzstücke gelegt und der Filz danach ausgeschnitten. Die Schnäbel werden wie die Filzbälle (siehe Seite 40) um einen Kern aus Woll- und Filzresten geformt und gefilzt und beim seitenverkehrten Zusammennähen des Körpers – per Hand oder mit der Maschine – zwischen die beiden Filzteile genäht. Beim Zusammennähen der Vögel bleibt auf ihrem Unterbauch ein gut handbreites Stück offen. Durch dieses Loch wird die Filzform gewendet, dann mit Rohwolle gefüllt und von außen zugenäht. Aufgenähte weiße, braune und blaue Knöpfe als Augen geben den Filzvögeln einen Hauch Lebendigkeit.

Murmel

Murmel ist ein Murmeltier mit braunem Pelz und weißer Brust. Abgestützt durch seinen Schwanz steht es aufrecht auf den Hinterbeinen und macht „Männchen". Mit seinen grünen Knopfaugen schaut es neugierig in die Gegend, und wenn es etwas Gefährliches entdeckt, warnt es seine Freunde mit einem Pfiff. Der Tierkörper wird aus brauner Wolle gefilzt. Für das Vorderteil mit der weißen Brust wird an entsprechender Stelle über die zwei braunen Wollagen weiße Wolle gelegt. Beide Ohren, die vier Beine und der kleine Schwanz werden, wie die Schnäbel der Vögel, extra gefilzt. Nach einer Schablone zugeschnitten, werden die beiden Tierhälften seitenverkehrt zusammengenäht, gewendet und mit Rohwolle gefüllt. Mit schwarzem Garn wird die Schnauze eingestickt und Glasknopfaugen aufgenäht.

Murmeltier

kardierte Wolle
Schmierseife
Matte
Sprühflasche
Schere
Nadel und Faden
Knopfaugen
Rohwolle zum Füllen

Nachtblaue Sternentasche

Katzentasche

Zum Einkaufen schleicht auf ihren Filzpfoten die große Katze mit.
Für ihre beiden Körperhälften werden zwei Filzflächen in Katzenform mit Streifenmuster auf einer Matte gefilzt und gut gewalkt, denn die Tasche muß etwas aushalten können.

Umhängetaschen

kardierte Wolle
Schmierseife
Matte
Sprühflasche
Gurtband
Nadel und Faden

Katze

kardierte Wolle
Schmierseife
Matte
Sprühflasche
fester Stoff
Rohwolle
Seilstücke
Nadel und Faden

„Fang eine Sternschnuppe, stecke sie in eine Tasche und hebe sie für einen Regentag auf!" Die kleine Umhängetasche ist genau das richtige dafür. Auf nachtblauem Wollgrund leuchten Sterne aus hellem Filz, mit und ohne Wollfaserschweif, gelbe Feuerreifen und schwarze Filzzacken.

Die beiden blauen Wollagen werden mit ihrem Muster auf einer Matte zusammengefilzt. Nach dem Trocknen wird der Filzstreifen zu einer Tasche zusammengelegt, und die Seiten werden mit groben Stichen geschlossen. Ein blaues Gurtband wird zu einem Ring zusammengenäht und unter der Taschenklappe angenäht. Innen unsichtbar aufgenähtes Klettband sorgt dafür, daß die aufbewahrten Schätze nicht verlorengehen.

Die braune Tasche ist die große Schwester der kleinen – und nur auf der Klappe gemustert. Für sie wird die Wolle auf der Matte ca. 35 x 70 cm groß ausgelegt.

Die Ohren werden wie beim Ball um einen Wollkern (siehe Seite 41), Beine und Schwanz wie bei der Puppe (siehe Seite 45) um gerollte Filzstücke gefilzt. Die Einzelteile werden zwischen die beiden seitenverkehrt gelegten Körperteile der Katze gesteckt und mit ihnen festgenäht. Der Rücken der Katze bleibt offen für eine Futtertasche aus kräftigem Stoff. An ihr werden zwei Henkel aus Seilstücken, eingenäht in rote Filzstreifen, befestigt. Nach dem Wenden wird der Katzenkopf mit Rohwolle ausgestopft. Die offenen Filzränder am Katzenrücken werden fingerbreit nach innen geschlagen und an die Futtertasche genäht.

Vögel im Raps

An langen Stecken fliegt die Vogelschar über das blühende Feld. Zwischen den Stauden im Garten und in den Blumentöpfen auf dem Balkon werden sich die einzelnen Vögel später niederlassen.

Ein Batzen rot brennender Ton wird mit dem Nudelholz fingerdick ausgewalzt und die Vogelform mit einem Schaschlikhölzchen eingeritzt. Mit einem Küchenmesser werden die Vögel aus der Tonplatte geschnitten und die Schnittkanten mit dem Finger verstrichen. Die Struktur des Federkleides wird mit dem Schaschlikholz oder einem Bleistift mehr eingedrückt als eingeritzt.

Eine daumendicke Tonschnur wird an den Unterbauch der Vögel geklebt und gut mit dem Körper verstrichen. Mit einem Kochlöffelstiel wird ein ca. 5 cm tiefes Loch gebohrt, in das nach dem Brand im Tonbrennofen der Haltestab gesteckt wird. Noch nicht ganz trocken, im lederharten Zustand, werden die Vögel mit ihrem Schnabel, den Schwanz- und Flügelspitzen in gelbe, weiße, blaue und braune Engobe getaucht und – nachdem sie gut durchgetrocknet sind – einmal bei 950 °C gebrannt.

Vögel

Ton, rot brennend
Engobe, verschiedene Farben
Drück- und Ritzwerkzeug
Küchenmesser

Fischkacheln

Die Fische, als Wandschmuck im Bad oder in der Küche befestigt, können auch als Abstellkachel verwendet werden – vielleicht für einen Topf mit heißer Fischsuppe oder eine Schale mit pikantem Fischsalat!

In fingerdick ausgewalzten Ton wird die Umrißform des Fisches geritzt und mit einem Küchenmesser ausgeschnitten. Die scharfe Schnittkante wird mit dem Finger verstrichen. Nicht tief, aber sichtbar wird mit allem, was einen Abdruck hinterläßt, das Schuppenkleid eingedrückt: mit Finger- und Messerspitze, mit Filzstiftkappen und Holzstückchen, mit dem Messerrücken, mit einem stumpfen Bleistift und mit der runden oder eckigen Bleistiftrückseite. Die kleinen Tonröllchen, die beim Einritzen mit einem Zahnstocher oder einem Schaschlikholz an den Seiten der Ritzspur entstehen, werden mit den Fingern weggewischt. Um die Fischkachel „unsichtbar" aufhängen zu können, werden mit einem Messer in die glatte Rückseite des Fisches eine oder zwei Mulden gedrückt.

Nach dem Trocknen werden die Fische bei ca. 950 °C gebrannt. Ihre Vorderseite wird, teilweise überlappend, mit farbiger Glasur übergossen. Ihre Farbwirkung, nach dem Brand von ca. 1050 °C, ist oft überraschend.

Fischkacheln

Ton, hellrot brennend
Glasurfarben
Drück- und Ritzwerkzeug
Küchenmesser

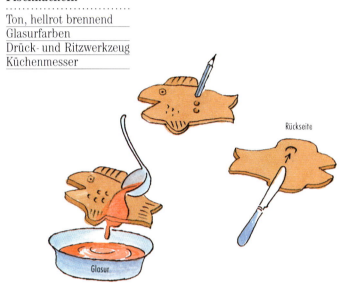

Leuchter aus Ton

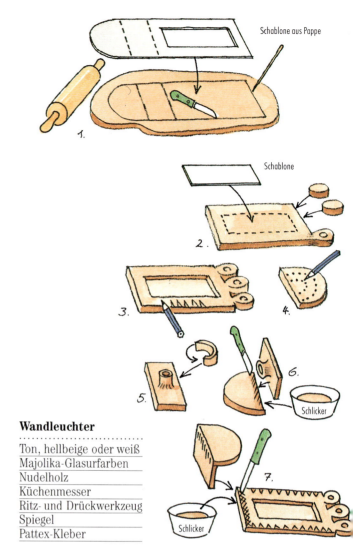

Wandleuchter

Ton, hellbeige oder weiß
Majolika-Glasurfarben
Nudelholz
Küchenmesser
Ritz- und Drückwerkzeug
Spiegel
Pattex-Kleber

Das Licht von Kerzen vermittelt Ruhe und Besinnlichkeit. Es zaubert Feststimmung und taucht Raum und Umgebung in milden Schein.

Von unserem Wandleuchter fällt doppeltes Licht: Die Kerzenflamme spiegelt sich in einem Spiegel, der auf der Tonplatte im Hintergrund befestigt ist. Er ruht in einer Mulde, die mit Hilfe eines Kartonstücks in den feuchten Ton gedrückt wird. Die Maße des Spiegels lassen sich erst nach dem Glasurbrand ermitteln, da die verschiedenen Tonsorten beim Trocknen und Brennen unterschiedlich schrumpfen. Für die Rückseite, den Boden und die halbrunde Blende des Wandleuchters wird Ton mit einem Nudelholz fingerdick ausgewalzt. Die Umrisse von drei Tonplatten werden mit Hilfe einer Schablone aus Pappe auf den Tonteig übertragen und mit einem Messer ausgeschnitten. Die Schnittkanten werden rund verstrichen. Drei Tonkugeln werden zu fingerdicken Scheiben gedrückt. Mit weichem Ton und mit Hilfe eines Modellierholzes werden sie oben an den Spiegelrahmen gestrichen und bekommen mit einer Filzstiftkappe Löcher ausgestochen (Aufhängung!). Mit einem Bleistift und einem Schaschlikholz werden in den Rahmen und die Halbrundblende Muster eingedrückt und eingeritzt. Auf der Bodenplatte wird der Haltenapf für die Kerze befestigt. Leicht angetrocknet, werden die einzelnen Platten mit Schlicker (breiig aufgelöster Ton) aneinandergeklebt. Die Stellen, die beim Ankleben aufeinandertreffen, müssen vorher mit einem Messer eingeritzt und aufgerauht werden!

Nach dem ersten Brand (Schrühbrand) bei ca. 950 °C wird der Leuchter auf seiner Vorderseite mit weißer Majolikafarbe übergossen. Auf den weißen Untergrund werden auf und zwischen

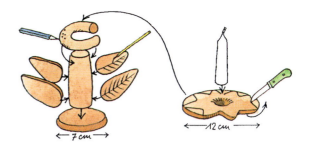

die eingedrückten Verzierungen mit gelber und blauer Majolikafarbe noch weitere Muster gesetzt. Nach dem Glasurbrand, bei ca. 1050 °C, wird ein Spiegel in passender Größe mit Doppelklebeband in die Mulde geklebt.

Blumenleuchter

Blumenkelche auf stämmigen Stengeln warten mit Kerzen auf die Dämmerung.

Die Scheibe der Bodenplatte wird aus einer tischtennisballgroßen Tonkugel gedrückt und zwischen Daumen und Zeigefinger auf dem Tisch wie eine Münze gerollt, bis sie gleichmäßig rund ist. Der Stengel, eine dicke Tonwalze, wird gut mit der Bodenplatte verstrichen. Auf den Stengel wird ein überragender Tonwulst gesetzt und verstrichen, darauf kommt der Blütenkelch. Die Blütenblätter, spitz oder rund, werden aus einer Tonplatte geschnitten, ihre Schnittkanten rund verstrichen und die Platte auf den Tonwulst gedrückt. Mit einer Kerze wird eine Vertiefung eingedrückt und vergrößert (Ton schrumpft!), in die später die Kerze gesteckt wird. Die Blütenblätter werden nach oben gedrückt. Aus Tonkugeln werden Blätter geformt und gut an den Stengeln verstrichen. Mit einem stumpfen Bleistift und einem spitzen Schaschlikholz werden in Blätter und Stengel Muster gedrückt und geritzt.

Nach dem Schrühbrand werden die Blütenkelche in rote oder weiße Glasur getaucht – die Spitzen der weißen Blütenblätter eventuell noch in Rot, Blau oder Türkis. Der Mittelpunkt, das heißt das Loch für die Kerze, wird gelb gefärbt und Stengel und Blätter in verschiedenen Grüns.

Blumenleuchter

| Ton, hellbeige |
| Küchenmesser |
| Glasurfarben |
| Ritz- und Drückwerkzeug |
| Nudelholz |
| Kerze |

Blick in ein Pharaonengrab

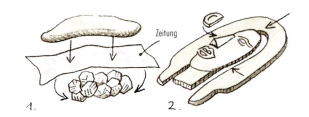

Am 4. November 1922 telegraphierte in Ägypten der Engländer Howard Carter seinem Freund und Auftraggeber Lord Carnarvon nach England: „Habe endlich wunderbare Entdeckung im Tal gemacht – ein Grab mit unbeschädigten Siegeln – bis zu Ihrer Ankunft alles wieder zugeschüttet – gratuliere!"
Das Tal, von dem Howard Carter schrieb, war das Tal der Könige am Westufer des Nils, unweit der Stadt Theben. In den talumschließenden Felsen des Wüstengebirges hatten 40 Pharaonen ihre letzte Ruhestätte gefunden. Noch nie in der ägyptischen Grabungsgeschichte war ein Pharaonengrab intakt, das heißt nicht geplündert, gefunden worden. Immer waren schon Grabräuber dagewesen.
Am 24. November wurden die Treppen zum Grabeingang freigelegt. Auf dem zugemauerten Torverschluß fanden sich die Königsinitialen Tutanchamuns. Weitere Siegel aus späterer Zeit ließen vermuten, daß hier Grabräuber überrascht wurden und das Tor von den Wächtern neu verschlossen und noch einmal versiegelt wurde. Am 26. November standen die Ausgräber vor der zugemauerten Eingangstür der Grabwohnung Tutanchamuns. Sie wurde mit einer Eisenstange durchbrochen. Ein heftiger Stoß warmer Luft, die drei Jahrtausende nicht entweichen konnte, schoß daraus hervor. Mit zitternden Händen hielt Carter eine Kerzenflamme in den Luftzug, um zu prüfen, ob er giftige Gase enthielt. Dann leuchtete er in die dunkle Kammer hinein. Er wurde von heftigem Glanz geblendet und nahm nach einiger Zeit ein Durcheinander von einzelnen Gegenständen war: goldene Liegen in Katzengestalt, Stühle und Statuen, Wagenräder und Truhen, Vasen und unbekannte Geräte. Dies war erst die Vorkammer der Totenwohnung, zu ihr gehörten noch eine Seitenkammer, die Schatzkammer und der wichtigste Raum: die Sargkammer. Sie wurde von zwei lebensgroßen vergoldeten Wächtern aus schwarzem Holz geschützt.
Es dauerte drei Monate, bis die Gegenstände der Vorkammer katalogisiert und konserviert waren und man den riesigen, vergoldeten Holzschrein des Sarges zum ersten Mal erblickte. Dahinter in der Schatzkammer bewachte Anubis, der schakalköpfige Totengott, den Kanopenschrein.
Der Sarkophag barg, umschlossen von mehreren Hüllen aus Holz, Stein und Gold, die kostbar ausgestattete Mumie Tutanchamuns. Gesicht und Brust waren mit einer Goldmaske bedeckt, die den jungen Herrscher im Totenreich beschützen sollte.

Pharaonen-Maske
....

Fotografien der Goldmaske Tutanchamuns zeigen das idealisierte Abbild des Pharaos mit geschminkten Augen, gerader Nase und breiten Lippen. Das gefältelte Königskopftuch, am Rücken zu einem Stoffzopf gedreht, ist von vorne zu sehen. Die beiden Brustlappen hängen über den mehrreihigen Kragen. Auf der Stirn befinden sich die Wappentiere Ober- und Unterägyptens, Geierkopf und Kobra. An das Kinn ist der künstliche, geflochtene Zeremonialbart gebunden.
Aus Kleisterpapier wird die Maske nachgebildet:
Auf ein Kissen aus geknülltem Zeitungspapier wird flachgewalzter Ton gelegt und zum Gesichtsrund gedrückt. Aus Tonschnüren werden Nase, Augen, Augenbrauen und Lippen geformt und verstrichen. Ein breites Band aus Ton bildet das Königskopftuch. Es wird um das Gesicht und um den Hals gedrückt, und zwei Ohrmuscheln werden flach mit Gesicht und Tuch verstrichen. Die Halbmaske aus Ton wird mit Frischhaltefolie bedeckt und die Folie dabei

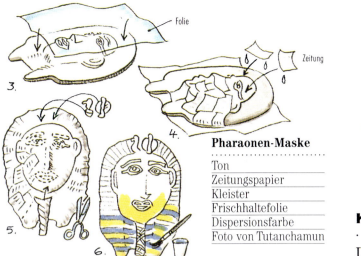

Pharaonen-Maske

Ton
Zeitungspapier
Kleister
Frischhaltefolie
Dispersionsfarbe
Foto von Tutanchamun

Kanope

Ton
Glasur

möglichst faltenlos an den Ton gedrückt. Über die Folie kommen zwei bis drei Lagen Kleisterpapier. Das Zeitungspapier wird dazu in kleine Schnipsel gerissen und mit Kleister befeuchtet. Nach ein paar Stunden ist die Papiermaske trocken und kann vom Tongrund gelöst werden (der frisch gebliebene Ton kann weiterverwendet werden!). Jetzt werden aus kleisternassem Zeitungspapier Bart, Geierkopf und Kobra geformt und mit Zeitungsstreifen an der Maske befestigt. Nach dem Trocknen wird die Maske mit Dispersionsfarbe bemalt.

Kanopen

Die Gefäße, in denen die Eingeweide der verstorbenen Pharaonen bestattet wurden, heißen „Kanopen". Sie sind aus Stein, meistens aus Alabaster, und werden von einem Deckel in Tierkopfform verschlossen. Die Tierköpfe stellen ägyptische Gottheiten dar.
Unsere Kanopen werden in Aufbautechnik aus Tonschnüren geformt.
Sie bekommen einen Deckel aus einer Tonscheibe, unten mit einem angestrichenen Tonring versehen (damit er nicht vom Gefäß rutscht), oben mit einem aufgesetzten Tierkopf. Nach dem Schrühbrand werden Gefäß und Deckel gesondert glasiert.

„Ra", das Boot des Sonnengottes

Ägyptische Grabreliefs aus Pharaonengräbern zeigen Schiffe mit einem geschwungenen Rumpf, deren Bug und Heck hoch in den Himmel ragen. Sie sind aus Papyrus gebaut, dem hohen Schilfgras, das im Altertum an den Ufern des Nils wuchs.

Thor Heyerdahl, ein norwegischer Wissenschaftler, baute 1969 das alte ägyptische Schiff nach und überquerte damit den Atlantik. Er wollte beweisen, daß das Schiff der Pharaonen nicht nur auf einem ruhigen Fluß eingesetzt werden konnte, sondern auch auf hoher See – vielleicht sogar zu Fahrten von einem Kontinent zum anderen. „Ra" hieß in Ägypten die Sonne. „Ra" war der Sonnengott und nach dem Glauben der alten Ägypter der Stammvater der Pharaonen. Thor Heyerdahls Papyrusschiff „Ra I" mußte nach einem Orkan aufgegeben werden. Ein zweiter Versuch aber gelang. Mit der „Ra II", schaffte Heyerdahl 1970 die 6800 km lange Strecke von Marokko nach Barbados in 57 Tagen.

as Baumaterial unseres kleinen Schiffsmodells besteht nicht, wie das Original, aus frisch geschnittenen Papyrusstengeln, sondern aus Stroh. Mit Schnur oder kräftigem Faden wird es in fünf 40–50 cm langen Rollen zusammengebunden. Ihre Enden laufen spindelförmig zusammen. Mit Hilfe einer dicken Nadel werden seitlich, etwas erhöht, die beiden restlichen Rollen befestigt. Ein dickes Tau wird mit groben Schlingstichen um das gesamte Deck herumgenäht. An ihm werden später die Strecktaue des Schrägmastes sowie der Mastfuß befestigt.

Die Korbhütte des Originals ist im Modell ein Gerüst aus gespaltenen, gebogenen Bambushölzern, das mit Papier und einem Stück Netz (Verpackungssack von Gemüse) bedeckt wird. Die Enden der Bambushölzer werden zwischen die Fugen des Bodenrostes gespreizt. Die dünnen Leisten des Rostes werden auf Vierkanthölzer geklebt. Die Vierkanthölzer stehen an beiden Seiten über und können hier am Strohboden befestigt werden. Die Brücke an Backbord, aus einem Leistenrost gebaut, ruht erhöht auf Vierkantpfählen, damit der Steuermann Ausblick über das Hüttendach hat. An das Brückengeländer werden links und rechts Steuerruder gebunden. Ebenso werden zwei Ruder senkrecht am Bug befestigt – sie haben die Funktion eines Schiffsschwerts. Die Pfähle der Brücke sind unten angespitzt und werden in das Stroh gesteckt. Die Ruder bestehen aus Bambusrohren mit gespaltenen Enden. Ruderblätter aus dünnen Leisten werden dazwischengeschoben, angeklebt und festgebunden. Für den Mast werden zwei ca. 30 cm lange Vierkanthölzer schräg zueinander gestellt und mit gleichmäßig aufgeklebten Sprossenhölzern fixiert. Das Maß der Basis richtet sich nach der Breite des Schiffes. Der Mastfuß aus Sperrholz wird am umlaufenden Tau und den seitlichen Strohrollen befestigt. Von einer Spannschnur zum Bug und mehreren Schnüren seitlich und rückwärts gehalten, steht der Mast senkrecht. Das Segel mit roter Sonnenscheibe, die den Sonnengott symbolisiert, ist ca. 25 cm lang und 18 cm breit. Um ein Rundholz genäht, dreht es sich an seiner Aufhängschnur mit dem Wind um den Mast. An die beiden unteren Segelecken geknüpfte und am Umlauftau befestigte Schnüre verhindern, daß das Segel flattert.

Ra
Stroh
Schnur
Kordel
Bambusrohr
Vierkantholzleisten: 0,8 x 0,8 cm
Vierkantholzleisten: 0,4 x 0,4 cm
Leisten: 1,0 x 0,3 cm
Stoff und Stoffreste
Wasser- oder Stoffarbe
lange Nadel

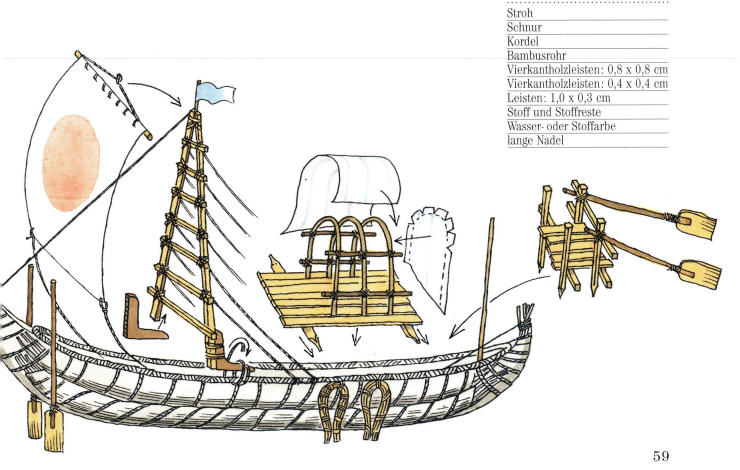

Einladung zum Sommerfest

Die Sonne scheint, und keine Wolke zeigt sich am Himmel. Zwischen den Apfelbäumen laden bunte Girlandenketten zu einem fröhlichen Fest in den Garten ein.

Die Girlanden bestehen aus farbigem Kopierpapier (aus dem Kopierladen). Die DIN-A4-großen Bögen werden entweder quer oder der Länge nach fingerbreit ziehharmonikaartig gefaltet. Zu Fächern zusammengeklebt, werden sie an Schnüren befestigt (siehe Foto, Girlande oben und unten) oder aneinandergeklebt (siehe Foto, mittlere Girlande). Die untere Girlande bekommt noch ein gefälteltes postkartengroßes Papierstück zwischen die mittleren Fächerfalter geklebt. Ein DIN-A4-Bogen, einmal längs und einmal quer zusammengelegt und an den Bruchlinien getrennt, ergibt vier postkartengroße Papierstücke. Wo mehrere Festhelfer zusammenarbeiten, ist eine Girlande schnell hergestellt - und nach dem Fest, zusammengeschoben in einem Karton, auf kleinem Raum rasch wieder weggepackt.

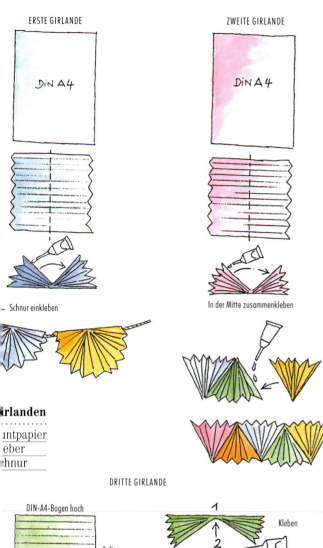

Lichterwürfel

Sie werden aus 25 x 25 cm großen Quadraten farbigen Pergamentpapiers gefaltet und erhellen den sommerlichen Garten ebenso wie die Spur im Schnee (siehe Foto Seite 3).

1. Papierseiten aufeinanderlegen, Mittelbruch falzen, Bogen wieder öffnen und in Gegenrichtung falten und falzen, so daß ein „Kreuz" entsteht.
2. + 3. Seitenkanten wie „Schranktüren" auf den Mittelbruch legen und falzen.
4. Alle vier Ecken nacheinander nach innen schlagen (siehe Zeichnung), falzen, wieder zurückschlagen und Papier wenden.
5. Vier kleine Ecken nach innen schlagen – nicht wieder aufschlagen!
6. Papier wenden und an der Markierung einschneiden.
7. Dreieckssegmente nach oben falzen.
8. + 9. Segmente zusammenschieben und mit Seitenwänden zu Würfel zusammenkleben.
10. Teelicht einsetzen.

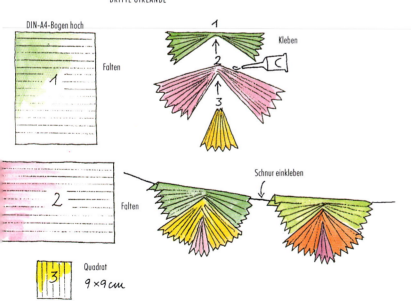

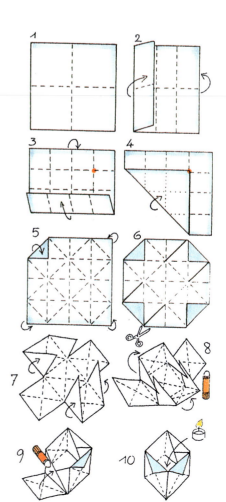

Lichterwürfel

Pergaminpapier
(Drachenpapier)
Schere
Klebestift
Teelicht

STEGLATERNEN

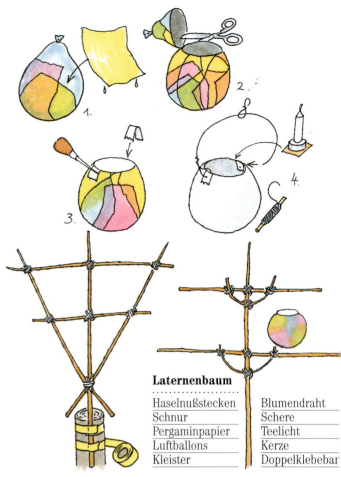

"Heut ist ein Fest bei den Fröschen am See..." – und die Vorfreude ist groß! Die Kinder haben Laternen gebastelt und den Steg mit Lampion-Bäumen geschmückt. Sie wollen damit ihre Gäste begrüßen und nächtlichen Ruderern den Weg weisen.

Gerade Haselnußstecken, mit Schnüren aneinandergebunden, bilden Stamm und Äste der Bäume, und bunte Ballonlaternen hängen als leuchtende Früchte daran. Mit Packband wird das Holzgestänge am Stegpfosten befestigt, und mit einem Messerschnitt wird es schnell wieder gelöst, wenn der Laternenumzug durch die Sommernacht beginnt.

Laternenbaum

Haselnußstecken	Blumendraht
Schnur	Schere
Pergaminpapier	Teelicht
Luftballons	Kerze
Kleister	Doppelklebeband

Für die Laternen werden Luftballons aufgeblasen und mit großen Stücken von farbigem Pergaminpapier und Kleister beklebt. Nach dem Trocknen wird der Ballon zerstochen und aus der Papierhülle entfernt. In den Papierballon wird eine Öffnung geschnitten, mit Doppelklebeband ein Teelicht innen auf den Ballon geklebt und ein Bügel aus dünnem Draht am Lampionrand befestigt.

Lichtzylinder

Den Boden der Windlichter bildet eine ca. 2 cm breite Ringscheibe aus Karton. Sie wird mit Hilfe einer Konservendose ausgeschnitten. Um dieselbe Konservendose wird ein Bogen Pergaminpapier gelegt, die Enden fingerbreit übereinandergeschlagen, und der Rest des Papieres abgeschnitten. Aus dem Papierbogen wird, in Laufrichtung des Papieres, ein Streifen gerissen, der noch ca. 1–2 cm über den Konservendosenrand steht. Gerissene Streifen aus gleich- oder andersfarbigem Pergaminpapier werden auf den ersten geklebt, entsprechend gekürzt und dann um die Konservendose herum zu einem farbigen Zylinder geklebt. Der Überstand wird oben, um den Dosenrand, nach innen gedrückt, wieder hochgeklappt, bis zum entstandenen Falz einge-

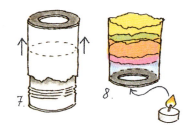

Zylinderlicht

Pergaminpapier (pastell)
Karton
Konservenbüchse
Schere
Klebestift

schnitten und auf den Kartonring geklebt. Die Papierröhre wird von der Konservendose abgehoben und mit dem Kartonring nach unten über ein brennendes Teelicht gestülpt.

Wer Phantasie hat, der findet in den leuchtenden Zylindern Landschaften mit Seen und Hügelketten, hinter denen die Sonne versinkt.

Nächtlicher Ballonflug

Violetta ist ein mutiges Mädchen. Als erste Papierpuppe wagt sie bei Nacht den Flug über die Burg.

Für die Ballonlaterne wird ein aufgeblasener Luftballon auf einen großen Becher aus Weichplastik gesetzt und mit lanzenförmig zugeschnittenen und kleisterbestrichenen Streifen aus Pergaminpapier beklebt. Ist der Kleister trocken, wird der untere Rand des Ballons mit durchsichtigem Klebeband verstärkt. Mit spitzer Schere wird der Ballon oben gekappt und die schlaffe Gummihaut herausgezogen. Unten wird mit der Schere durch den Plastikbecher gestochen und der Becherboden im Rund herausgeschnitten. Durch Zusammendrücken der Becherwand läßt sich der Rest des Bechers nach unten herausziehen. Eine Scheibe aus Pergaminpapier, größer als die untere Öffnung, wird in das Innere des Ballons geklebt und so der Ballon unten verschlossen. Da Teelichter in schwankenden Lampions leicht verlöschen, wird in das flüssige Wachs eines Teelichts eine

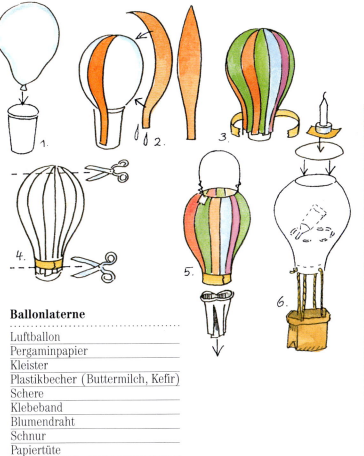

Ballonlaterne

Luftballon
Pergaminpapier
Kleister
Plastikbecher (Buttermilch, Kefir)
Schere
Klebeband
Blumendraht
Schnur
Papiertüte

Kerze gedrückt und die Aluminiumhülse des Teelichts mit Doppelklebeband auf die Pergaminscheibe geklebt. An Schnüren wird eine Papiertüte befestigt, die als Ballonkorb dient. Alle leichtgewichtigen Interessenten, die im Tütenkorb Platz finden, sind zu einem Lampionflug durch die Nacht eingeladen.

Lampionbogen

Ein großer Luftballon wird wie die Ballonlaterne bezogen. Nach dem Trocknen werden oben und unten zwei gleich große Öffnungen ausgeschnitten. Durch Zusammendrücken wird die Pergaminhülle waagerecht gefalzt, auf einer Seite durchtrennt und zu einem Halbbogen auseinandergezogen. Die Enden werden zusammengeklebt. Die Öffnung in der Mitte wird mit einer halbmondförmig gebogenen Drahtschlaufe auseinandergespreizt (Papierränder um Draht kleben!). Drei Teelichter werden an einer Schaukel aus Draht befestigt, deren Bügel an die Spitzen des Drahthalbmondes gehängt werden.

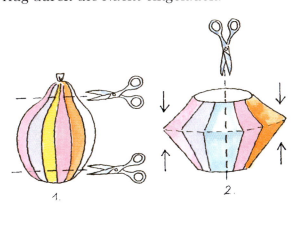

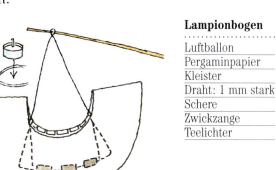

Lampionbogen

Luftballon
Pergaminpapier
Kleister
Draht: 1 mm stark
Schere
Zwickzange
Teelichter

Schwimmendes Seerosenlicht

In den ruhigen Gewässern Chinas und anderen warmen Ländern wächst die Lotusblume. Sie ist eng mit unserer Seerose verwandt, doch werden die Blüten und breiten Blätter von kräftigen Stengeln getragen. Einmal im Jahr, am 15. Tag des siebten Monats, wurden in China die Lotusblätter geschnitten und in die Vertiefung des Blattes eine Kerze gesetzt. Junge Burschen zogen mit ihren Lotusblattlaternen durch die Dämmerung und sangen dazu ein Lied von der Vergänglichkeit: „Lotuskerze! Lotuskerze! Heute brennst du hell, morgen wirst du weggeworfen. Lotuskerze! Lotuskerze!"

Unser Seerosenlicht aus Holz und Wachspapier erhellt nicht nur eine Sommernacht lang den Teich im Garten. An seiner Stengelschnur, die am Ufer befestigt ist, kann es herangezogen und immer wieder mit neuen Lichtern bestückt werden.

Das runde Seerosenblatt wird mit der Laubsäge aus einer Sperrholzplatte geschnitten und die Kanten mit Schleifpapier geglättet. Es wird mit Dispersionsfarbe bemalt und auf der Vorder- und Rückseite ein- bis zweimal mit Klarlack eingelassen. In die Rückseite des Seerosenblattes wird eine nichtrostende Schraube gedreht und um den überstehenden Schraubenkopf die Stengel-Halteschnur geknüpft.

Für die Blüte wird aus einem Bogen Schreibmaschinenpapier ein Quadrat geschnitten und aus dem Quadrat ein Kreis. Er wird in eine Glas- oder Porzellanschale gedrückt, über deren Rand er nicht hinausragen darf. Der Papierkreis wird an seinem Rand mit zartrosa Wasserfarbe bestrichen und das Papier, nach dem Trocknen der Farbe, zu einem Faltdeckchen zusammengelegt. Aus seinem Rand wird die Blütenblattform der Seerose geschnitten. Nach dem Auseinanderfal-

Seerosenlicht

Sperrholz: 6 mm stark
Laubsäge
Dispersionsfarbe
Klarlack
Schreibmaschinenpapier
Wasserfarbe
Kerzenreste, weiß
Vaseline
Glas- oder Porzellanschälchen
Schere
Schnur
Schraube

ten des Papiers werden die Einschnitte mit geraden Schnitten bis ca. 2 cm vor den Mittelpunkt verlängert. Eine kleine Glas- oder Porzellanschüssel wird sparsam mit Vaseline bestrichen und die Blumenrosette hineingedrückt. Durch die verlängerten Einschnitte überlappen sich dabei die Blütenblätter und schmiegen sich an die Schalenwand. Mit flüssigem heißem Wachs wird das Papier nun in der Schale eingestrichen und getränkt. Das erkaltende Wachs hält nicht nur die Blütenblätter in ihrer Kelchform zusammen, es macht das Papier auch transparent und wasserabweisend. Mit Hilfe eines spitzen Messers oder einer Nadel werden die Spitzen der Blütenblätter von der Schale gelöst und der Blütenkelch herausgehoben. Die Blüte wird mit Pattex-Kleber (Gebrauchsanweisung beachten!) auf das Seerosenblatt geklebt und ist, zusammen mit einem eingesetzten Teelicht, für die nächtliche Teichfahrt schwimmbereit.

INDIANERNACHT

Wenn es Abend wird, zündet der große Indianerhäuptling in den Zelten die Lichter an. Sie leuchten hell beim Ruf der Nachtvögel und werden erst in der Morgendämmerung erlöschen. Wer sein Herz öffnet und sein Ohr nicht verschließt, kann dabei dem Raunen alter Indianermythen lauschen.

Die Leucht-Tipis auf den Fotos sind verschieden groß. Sie werden aus Bambusstangen (Blumenstecken vom Gartencenter) zusammengebunden. Für das größte Tipi sind die Stangen 1,50 m lang, beim mittleren messen sie 1,20 m und beim kleinsten 90 cm. Die Zeltstangen werden von einem zusammengebundenen Rahmen aus Bambus auseinandergespreizt. Beim größten Zelt sind die vier Stangen je 36 cm lang, bei den anderen entsprechend kürzer. Eine Bambusstange, beim größten Zelt 50 cm lang, wird der Länge nach gespalten, und die dabei entstandenen Halbrundhölzer werden nebeneinander diagonal über das Bambusviereck geklebt. In ihrer Mitte wird der Schraubverschluß eines Marmeladenglases befestigt – es bildet den Halter für ein Kerzenlicht.

Der Abstand zwischen dem Boden und dem viereckigen Bambusrahmen ist bei allen drei Zelttypen gleich: Er beträgt 14 cm. In dieser Höhe wird das Viereck an die Zeltstangen geknüpft. Eine Unterlage, zum Beispiel aus Büchern, hilft, den Rahmen waagerecht zu halten. Zum Beziehen werden für die größeren Zelte zwei Bögen Japanpapier benötigt – für das kleinere Zelt genügt einer. Der Papierbogen wird an das Zeltgerüst gehalten, die Konturen der Zeltstangen werden durchgedrückt und vier Segmente entlang der Konturenspur ausgeschnitten. Mit Holzleim werden sie übereinanderlappend an die Bambusstangen der Zeltform geklebt. Oben muß, wie bei einem richtigen Indianerzelt, eine ein bis zwei Handbreit große Öffnung für den Rauchabzug frei bleiben.

Zum Beleuchten wird das leichte Zelt angehoben und eine brennende Stumpenkerze in den Deckelverschluß gesetzt.

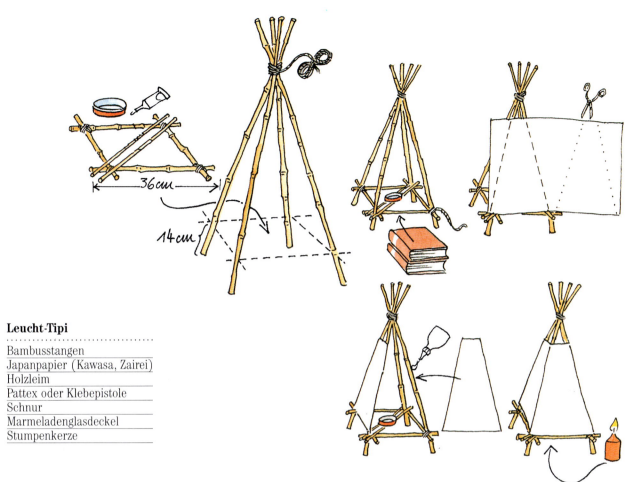

Leucht-Tipi

Bambusstangen
Japanpapier (Kawasa, Zairei)
Holzleim
Pattex oder Klebepistole
Schnur
Marmeladenglasdeckel
Stumpenkerze

Auf der Sonneninsel

An einem warmen Sommertag hat ein friedliches Insulanervolk sein Dorf im seichten Wasser am kleinen See errichtet.
Die Hütten stehen auf hölzernen Stegen und sind mit Schilfmatten gedeckt. Durch Vorhänge aus buntem Stoff oder Perlenschnüren vor Türen und Fenstern streicht ein Luftzug und sorgt für Kühlung.
Wenn sich eine stärkere Brise erhebt, gehen die Männer auf Fischfang. Sie fahren mit Auslegerbooten auf den See hinaus und sind noch in der Ferne an ihren Segeln zu erkennen, denn jedes Segel trägt seine eigenen Zeichen und Muster. Während die Männer fischen, tauchen die Frauen und Mädchen nach Muscheln und Schneckenhäusern oder sammeln Blätter, die sie zum Trocknen unter das luftige Dach hängen. Die Insulanerkinder buddeln im feuchten Ufersand oder spielen Fangen auf den Stegen. Ihre Eltern müssen sich nicht sorgen, wenn sie ins Wasser fallen. Jeder Insulaner kann schwimmen, auch der kleinste, denn die Figuren sind aus Astholz gesägt.

Der Steg, eine umgedrehte Obstkiste, ist zugleich das Behältnis, in dem sich Haus, Schiff und Insulaner-Figuren gut zum Wasserspielplatz transportieren lassen. Die Sachen sind nicht schwer, denn das Haus besteht aus Karton und ist oben und unten offen. Ein extra Kartonstreifen wird in der Mitte geknickt, zum Dach gefalzt und auf Laschen (aus den Seitenwänden geknickt) über dem Haus befestigt; eingeklebte Bambusleisten stützen zusätzlich den Giebel. Das Dach und eventuell auch die Wände werden mit den Resten einer Schilfmatte (vom Baumarkt) beklebt. Das feste Schilfrohr läßt sich am besten mit einer Gartenschere schneiden oder mit einer Zwickzange durchtrennen. Wer die Wände nicht mit Schilf beklebt, bemalt sie mit Dispersionsfarbe.

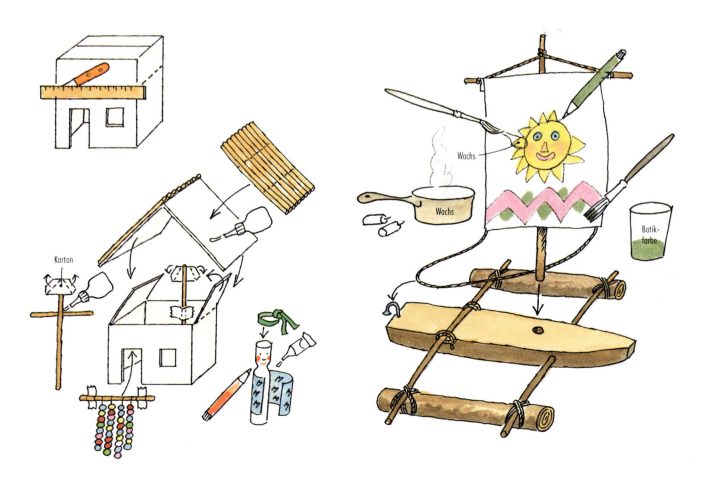

Für das Boot werden ein oder zwei Schwimmkörper (Aststücke) als Ausleger mit Querstangen an ein Stück Holz geknüpft oder gedübelt. Auf das Segel, aus weißem Stoff, werden mit Filzstiften „Insulaner-Muster" gezeichnet und die Zeichnung mit weißem, heißem Wachs versiegelt. Der Rest des Tuches wird mit Batikfarbe gefärbt. Sie wird nicht in die Zeichnung laufen, denn diese ist ja durch das Wachs geschützt. Trocken wird das Tuch auf ein Rundholz geklebt und mit Schnur am Segelmast befestigt. Eine Schnurschlaufe wird an die beiden unteren Enden des Segels geknüpft und über einen Nagelhaken am Bootsende gelegt. So kann sich das Segel mit dem Wind drehen. Wer sein Schiff nicht mit einer Leine hält, dem wird es über den See davonsegeln!

Insulanerhaus	**Auslegerboot**
Obststeige	Leiste, Astholz
Verpackungskarton	Rundhölzer
Teppichmesser	Schnur
Lineal	Bohrer, Holzleim
Schilfmatte	weißer Baumwollstoff
Bambusleisten	Filzstifte, Kerzenreste
Packband	Batikfarbe
Holzleim	Nagel
Dispersionsfarbe	

SCHLANGENZISCHELSTUNDE

Schlangen lauern im grünen Blattwerk auf Beute oder treffen sich auf warmen Steinen zu einer Zischel-Tuschelstunde. Doch nur wer farbenblind ist, Rot und Grün nicht unterscheiden kann oder seine eigenen Wege kriecht, wird ihr Zischel-Opfer!

Eine Schlange im Haus zu haben bringt Glück! Das erzählt schon das Märchen von der Krönleinnatter. Ein Bauernmädchen stellte ihr täglich eine kleine Schüssel mit Milch hin und wurde dafür reich belohnt.

Die eigene Haus- und Glücksschlange wird aus einem Dachlattenstück gesägt. Dazu werden Kopf und Schlängelleib mit Bleistift auf die Breitseite der Latte gezeichnet. Die Schlange muß sich nicht gleichmäßig schlängeln, sie kann auch „entspannt" und gerade „wie ein Stück Ast" daliegen und ausgesägt werden – nur Kopf- und Schwanzende müssen kenntlich sein.

Die Dachlatte wird mit einer Zwinge oder dem Schraubstock festgehalten, und mit einer Laubsäge (grobes Sägeblatt) werden links und rechts die Schlängelbögen ausgeschnitten. Der Laubsägebogen wird waagerecht, mit dem sägenden Unterarm laufend, gehalten. Die Zähne des Sägeblatts zeigen nach unten. Auf das Sägeblatt wird kein Druck ausgeübt, es wird senk-

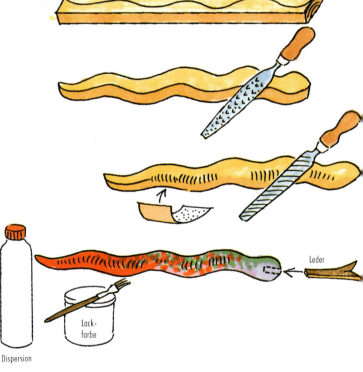

recht von oben nach unten gezogen. Nach oben wird es – fast etwas nach rückwärts geneigt – geschoben. Wird das Sägeblatt ab und zu durch ein Stück Seife gezogen, ist die Gefahr des Reißens gebannt. Die Kanten der Schlange werden mit der Raspel gerundet und mit Feile und Schleifpapier geglättet, bis sich der Schlangenleib wie ein „Handschmeichler" anfühlt. Mit Dispersionsfarbe wird die Schlange grundiert und gemustert und seidenmatt lackiert.

In ein vorgebohrtes Loch wird eine kleine Zischelzunge aus Leder geklebt.

Schlange

Dachlatte: 3,5 x 2,5 cm
Laubsäge
Raspel
Feile
Schleifpapier
Dispersionsfarbe
Lack, seidenmatt
Lederrest

KATZENTISCH UND KROKODILHOCKER

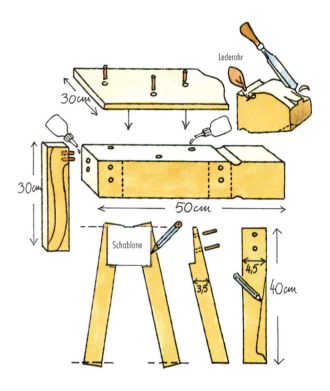

Scheue gefleckte und gestreifte Großkatzen treten aus dem Urwaldschatten und zeigen sich an der Wasserstelle. Domestiziert dienen sie im Haus als Beistelltisch, als Blumenbank oder als Ablage in der Garderobe.

Der Katzenkörper ist ein ca. 50 cm langes Vierkant-Bohlenholz. Mit Hilfe von Bügelsäge, Stemmeisen, Raspel, Feile und Schleifpapier wird an einem Ende der Katzenkopf modelliert. Die Beine werden überplattend mit Holzdübeln am Bohlenkörper befestigt. Es ist günstig, sie dabei leicht schräg nach außen zu grätschen: Der Tisch erhält dadurch einen sicheren Stand! Mit Hilfe einer Pappschablone in Größe der Stirnseite des Bohlenholzes wird der schräge Ausschnitt aus der Schmalseite der Beinleisten ermittelt. Tatzen und Beinform der Katze werden auf die Breitseite der Leisten gezeichnet und mit einer Stichsäge ausgesägt. Der Schwanz wird aus einem ca. 30 cm langen Leistenstück gesägt.

Das Tischplattenbrett wird auf den Bohlenkörper geleimt und mit Dübelhölzern bündig auf der Plattenoberseite fixiert.
Die Tiere werden mit Dispersionsfarben bemalt und mit Klarlack eingelassen. Sie bekommen Ohren aus Leder angeklebt.

Großkatze

Bohle: 9 x 9 cm
Leiste: 3,5 x 4,5 cm
Leiste: 2,5 cm
Brett: 30 x 1,6 cm
oder 40 x 1,6 cm
große Bügelsäge oder Fuchsschwanz
elektrische Stichsäge
Stemmeisen
Raspel, Feile und Schleifpapier
Holzdübel: ∅ 10 mm
Holzleim
Klarlack
Dispersionsfarbe
Lederrest

Krokodilhocker

Wer schon einen Katzentisch besitzt, kann mit einem Krokodilhocker daran Platz nehmen. Als Sitzbank, sogar für zwei Kinder geeignet, hat er die richtige Höhe dazu.
Keine Bohle, sondern das Brett der Sitzfläche bildet den Körper des Tieres.
Es wird auf zwei Vierkanthölzer gedübelt, die mit den gleich großen Vierkanthölzern der Beine verzapft werden. Die Beine werden in Fußhölzer mit spitzen Zehen verfugt und zusätzlich mit Dübelhölzern fixiert. Ihre Kanten werden mit Raspel und Feile gerundet.
Der Kopf des Krokodils, ein dickes Bohlenstück, wird mit Säge und Raspel geformt und mit Feile und Schleifpapier geglättet. Seine Augen sind Holzkugeln mit Loch (Bastelbedarf), auf entsprechend starke Dübelhölzer aufgeleimt. Das Krokodil wird mit Dispersionsfarbe bemalt und bekommt einen Überzug aus Klarlack.

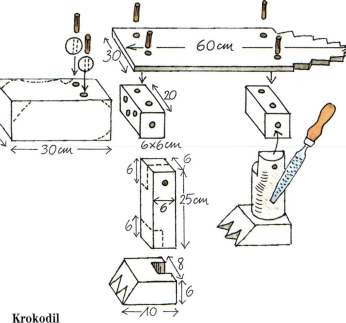

Krokodil

Bohle: 12 x 14 cm
Brett: ca. 19 x 2 cm
Vierkantholz: 6 x 6 cm
Vierkantholz: 6 x 8 cm
Dübelhölzer: ∅ 10 mm
große Bügelsäge
elektrische Stichsäge
Holzleim
Raspel, Feile und Schleifpapier
Stemmeisen
Dispersionsfarbe
Klarlack
2 Holzkugeln

75

Prächtiges Fleckvieh

Morgens um 7 Uhr hat der Bauer seine Kühe auf die Weide getrieben. Er hat ihnen Glocken umgehängt, damit er immer weiß, wo sich seine Tiere befinden. Jetzt grasen sie auf der saftigen Bergwiese zur Melodie ihres Glockenspiels.

Der Kuhkörper wird mit einer Laub- oder Stichsäge aus zwei Fichtenbrettern gesägt. Das Brett des Mittelstückes ist 2,5 cm, das der beiden Seitenteile 1,5 cm stark. Nach dem Zusammenleimen werden alle Kanten mit der Feile „gebrochen". Der Rücken des Tieres wird mit einer Raspel gerundet. Mit grobem und feinem Schleifpapier wird der Kuhkörper geglättet. Zum Befestigen von Hörnern und Ohren werden in den Kopf auf beiden Seiten je zwei Löcher (Ø 4 mm) gebohrt. Die Löcher für die Ohren sind leicht schräg nach hinten gebohrt, damit die eingeklebten Lederohren ihren richtigen Stand – leicht nach vorne gerichtet – bekommen. Die Hörner werden durch Raspeln und Feilen in Form gebracht und in die Bohrlöcher geleimt. Der Kuhschwanz, ein Stück Hanfseil, wird in ein vorgebohrtes Loch in entsprechender Größe geklebt. Mit Dispersionsfarbe wird die Kuh gefleckt.

Kuh

Brett: 2,5 cm stark
Brett: 1,5 cm stark
Laubsäge oder elektrische Stichsäge
Raspel
Feile
Schleifpapier
Holzleim
Schraubzwingen
Lederreste, Hanfseil
Dispersionsfarbe

Pferd

Das junge Haflingerpferd ist in einem Gebirgstal zu Hause. Wenn es größer ist, darf es im Winter einen Schlitten ziehen.

Wie die Kühe wird es aus drei Holzteilen zusammengesetzt und hat dabei, wie die Kühe, eines seiner beiden Hinterbeine etwas nach vorn gestellt. Seine Ohren werden in ganzer Breite des mittleren Holzes gesägt und anschließend eingekerbt. Sein schöner Schweif stammt von einem Besen.

Pferd

Brett: 2,5 cm stark
Brett: 1,5 cm stark
Laubsäge oder elektrische Stichsäge
Raspel
Feile
Schleifpapier
Holzleim
Schraubzwingen
Dispersionsfarben

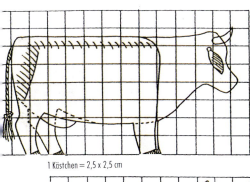

1 Köstchen = 2,5 x 2,5 cm

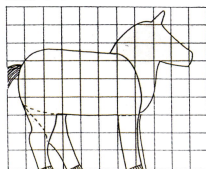

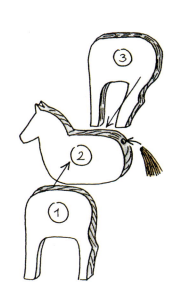

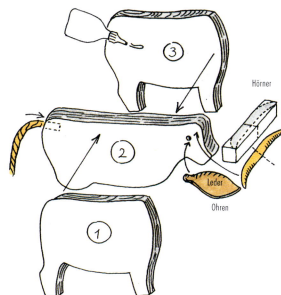

Hörner

Leder

Ohren

Was darf es sein?

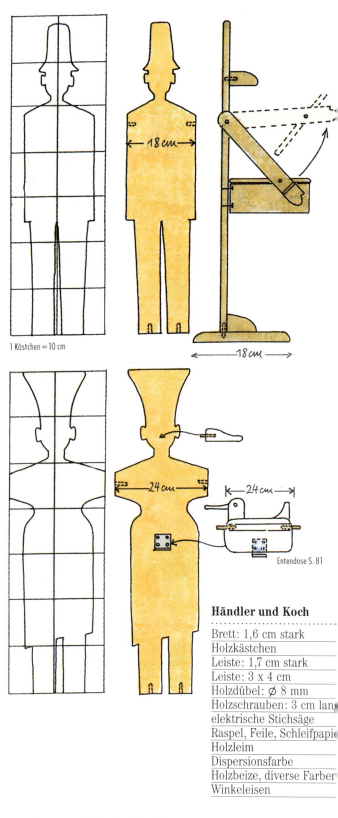

1 Kästchen = 10 cm

Entendose S. 81

Händler und Koch

Brett: 1,6 cm stark
Holzkästchen
Leiste: 1,7 cm stark
Leiste: 3 x 4 cm
Holzdübel: Ø 8 mm
Holzschrauben: 3 cm lang
elektrische Stichsäge
Raspel, Feile, Schleifpapier
Holzleim
Dispersionsfarbe
Holzbeize, diverse Farben
Winkeleisen

Fehlt etwas? In seinem Bauchladen führt der Händler aus Holz alle kleinen, nützlichen Dinge mit, die in einem Haushalt griffbereit liegen müssen: Gummiringe und Sicherheitsnadeln, Klebeband, Taschenlampe, Nähgarn, Paketschnur, Streichhölzer, Zweitschlüssel, Ersatzbrille, Pflaster und Schere, Bleistift und Notizblock.

Die Figur wird mit der Stichsäge aus einem 80 cm langen Brett gesägt. Dübellöcher werden eingebohrt (siehe Zeichnung) und die Kanten mit Feile und Schleifpapier geglättet. Ein Holzkästchen (18 x 18 cm) wird an den Körper geschraubt, und in den gleich großen Deckel werden zwei Dübellöcher zum Befestigen der Armhölzer gebohrt. Aus den Armleisten werden mit Säge und Raspel Hände geformt, die dann mit Dübelhölzern am Schachteldeckel festgeleimt werden. Am Körper, in Schulterhöhe, werden die gedübelten Armleisten beweglich montiert. Ein Brettstück in Nasenform wird in das Gesicht gedübelt, und die Beine stehen auf einem Standbrett. Vorgeleimte Schuhstücke halten die Brettfigur zusätzlich im rechten Winkel senkrecht.

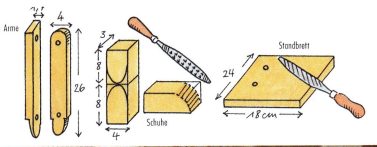

Koch

Der Küchenchef ist Spezialist von „Ente gefüllt nach Art des Hauses".
Wie der Händler, wird auch der Koch aus einem 1,6 cm starken Brett gesägt, doch ist es bei ihm 24 cm breit. Seine Entendose entsteht aus demselben Brett – wie, das zeigt die folgende Seite. Die Ente wird auf ein Winkeleisen geschraubt und damit auch am Körper der Figur befestigt.

Beide Brettfiguren und die Entendose werden mit Dispersionsfarbe bemalt, Hut und Anzug des Händlers mit bunter Holzbeize.

Ein guter Fang

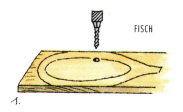

Zwei stramme „Burschen" sind dem Fischer am Morgen ins Netz gegangen. Was wird er finden, und was wird er für Augen machen, wenn er die Fische öffnet? Alles ist möglich – alles ist drin!

In den Holzdosen läßt sich vieles aufbewahren: Kartenspiele und Knöpfe, Murmeln und Angelhaken, doch besonders eignen sie sich als Behältnis für Stifte (Spitzer und Radiergummi) – ihrer länglichen Form wegen.

Die Fischform wird auf ein Brett gezeichnet und mit einer Stichsäge ausgeschnitten. Der Brett-Fisch wird der Dosendeckel und bildet zugleich die Schablone für drei weitere Fischformen, die aus dem Brett gesägt werden. Eine vierte Fischform wird aus Sperrholz gesägt und bildet den Boden der Dose. Die Umrißzeichnung der drei Fischformen auf dem Brett wird, gut fingerbreit nach innen versetzt, wiederholt und die Fischform erst auf dieser Innenlinie, dann außen herum ausgesägt. Es entsteht ein ovaler Holzring mit Schwanzflossenansatz. Alle drei Holzringe werden mit Holzleim aneinandergeklebt und zwischen zwei Brettern mit Zwingen zusammengedrückt, bis der Leim getrocknet ist. Mit Raspel, Feile und Schleifpapier werden die Ringe auf

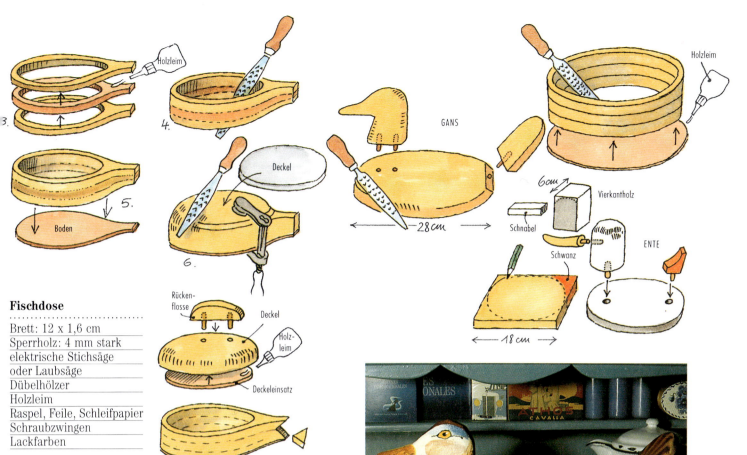

Fischdose

Brett: 12 x 1,6 cm
Sperrholz: 4 mm stark
elektrische Stichsäge
oder Laubsäge
Dübelhölzer
Holzleim
Raspel, Feile, Schleifpapier
Schraubzwingen
Lackfarben

ihrer Innenseite geglättet und anschließend auf den Sperrholzfisch geklebt. Das Deckelbrett wird auf die Ringe gelegt, der Fisch mit Zwingen oder im Schraubstock zusammengehalten und rundgeraspelt und glattgeschliffen. Die Rückenflosse, aus einem Stück Brett gesägt, wird auf den Dosendeckel gedübelt. Sie bildet den Deckelgriff. Damit der Deckel nicht von der Dose rutscht, bekommt er auf seiner Innenseite ein kleineres Oval aus Sperrholz aufgeleimt. Das ausgesägte Oval des obersten Holzringes wird dabei als Schablone für das Sperrholzoval benützt und ca. 2 mm kleiner als die Vorzeichnung ausgesägt. Mit glänzenden Lackfarben werden die Fische bemalt.

Gansdose

Bretter: 28 x 1,6 cm
Sperrholz: 6 mm stark
Holzdübel
Holzleim
elektrische Stichsäge
Raspel, Feile und Schleifpapier
Schraubzwingen
weiße Grundierung
Acrylfarben

Entendose

Bretter: 24 x 1,6 cm
Sperrholz: 6 mm stark
Holzdübel
Holzleim
elektrische Stichsäge
Raspel, Feile und Schleifpapier
Schraubzwingen
Dispersionsfarben

Gefüllte Gans

In der Küche hält sie die Eier am Frühstücksbuffet warm, oder sie läßt sich im Wohnzimmer mit Schreib- oder Strickzeug nieder. In der Garderobe hütet sie Schals und Handschuhe und was immer sich an Kleinkram im Hause sammelt.

Enten- und Gansdosen entstehen, wie die Fischdosen, aus übereinandergeklebten Holzringen, einem Bodenbrett aus Sperrholz und einem Deckelbrett. Auf das Deckelbrett werden Kopf und Schwanz der Vögel gedübelt. Der Kopf der Gans wird in einem Stück aus einem Brett gesägt. Der Entenkopf, aus einem Vierkantholz, bekommt einen Schnabel, aus einem Leistenstück gefeilt, angedübelt. Den Entenschwanz bildet ein Stück Abfallholz. Für den Schwanz der Gans wird die Ansatzstelle am Dosendeckel gleich schräg wie das Schwanzstück gefeilt. Die Dose wird mit weißer Grundierung vorgestrichen und mit Acrylfarben bemalt.

Firma Maus, Transporte aller Art

Der Firmenfuhrpark ist gut ausgestattet mit kräftigen Zugmaschinen, mit Fahrzeugen für den Post- und Geldtransport und mit verschiedenen Anhängern. Und gerade führt das Unternehmen Verhandlungen wegen des Erwerbs eines Schul- und Ausflugsbusses für die vielen Mäuse-, Bären- und Puppenkinder der Gemeinde.

Die Fahrzeuge werden aus – je nach Typ verschieden langen – Leisten, Brettern, Vierkanthölzern und Rundhölzern gebaut. Rauhe Sägekanten werden mit der Feile und Schleifpapier geglättet. Einzeln werden die Holzteile mit verschiedenfarbigen Holzbeizen eingelassen und nach dem Trocknen zusammengeklebt und -genagelt.

Jedes Fahrzeug verfügt über eine bewegliche Vorderachse (Drehschemellenkung) und wird mit dem Holzrad über der Motorhaube geschoben und gelenkt. Das Vierkantholz der Hinterachse ist am Karosserieboden festgeklebt.

Die Scheiben für die Räder und Radkappen werden aus Rundhölzern gesägt. Damit beim Durchsägen das Rundholz nicht franst und bricht, muß der Sägedruck zum Schluß verringert und das Rundholz gedreht werden. Mit vorgebohrten, etwa 3 mm tiefen Löchern kleben die Radkappen auf den runden Achsenstangen. Da wasserlösliche Holzbeize abfärbt, bekommt das fertige Auto einen Überzug aus Klarlack.

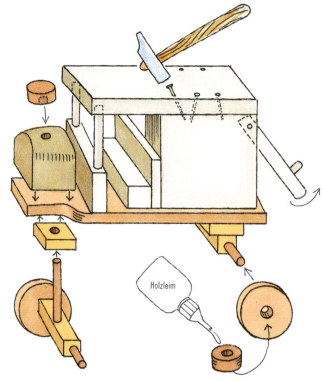

Transporter

Brett: 12 cm breit, 10 mm stark
Brett: 6 cm breit, 10 mm stark
Leiste: 4 cm breit, 10 mm stark
Vierkantholz: ca. 5 x 5 cm
Vierkantholz: 10 x 10 mm
Rundholz: Ø ca. 5–6 cm (Räder)
Rundholz: Ø 15 mm (Radkappen)
Rundholz: Ø 8 mm (Achsen, Dachstützen)
Feinsäge, Feile und Schleifpapier
Hammer
Bohrer: Ø 8 mm
Holzleim
Holzbeize
Drahtstifte
Klarlack

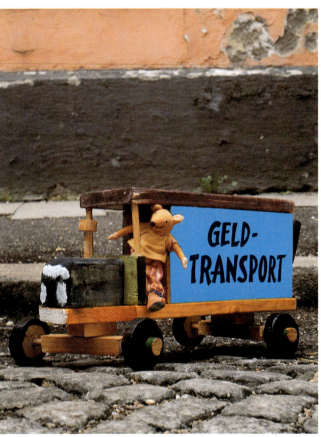

Ferienflotte

Auf dem Trockendock, schon aufgetakelt, warten bunte Boote auf den Start. Wenn dann der Wind ihre Segel füllt und sie über den See treibt, liegen sie sicher im Wasser. Ein Bleigewicht an ihrem Holzkiel hindert sie am Kentern – und die Relingschnur, um die Köpfe kleiner Nägel gespannt, verhindert, daß der Kapitän über Bord geht!

Die Seitenansicht und die Draufsicht des Schiffskörpers werden mit Hilfe zweier Papierschablonen auf zwei Vierkanthölzer übertragen. Mit einem Stemmeisen (ca. 1 cm innerhalb der Bleistiftzeichnung) wird die Umrißform in das Holz gestanzt, und mit einem Hohleisen werden die beiden Schiffskörperhälften ausgehöhlt (immer vom Stanzrand zur Mitte!). Mit geraden Sägeschnitten wird das überschüssige Holz um die Schiffsform herum entfernt, die beiden Schiffshälften mit Zwingen zusammengehalten und rundgeraspelt, gefeilt und mit dem Schleifpapier geglättet. Eine Schiffshälfte wird bündig mit der Längskante auf ein Brett gelegt und mit dem Bleistift umfahren. Anschließend an den aufgezeichneten Schiffskörper wird ein geschwungener Kiel auf das Brett gezeichnet und Kiel samt Schiffsform aus dem Brett gesägt. Mit Holzleim werden die beiden Schiffshälften an das Kielbrett geklebt und mit Zwingen bis zum Trocknen zusammengehalten. Für das Deckbrett wird der Schiffskörper kieloben auf ein Brett gelegt und mit dem Bleistift umfahren. Ausgesägt, bekommt es in die Mitte ein Loch mit einem Durchmesser von 10 mm gebohrt. Nach dem Aufkleben wird das Loch noch ca. 3 cm ins Holz des Kielbretts vertieft und ein ca. 47 cm langer Segelmast (⌀ 10 mm) darin festgeklebt. Das

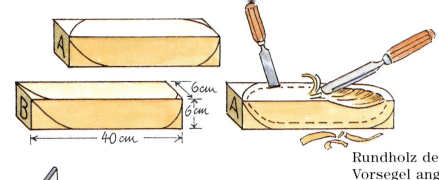
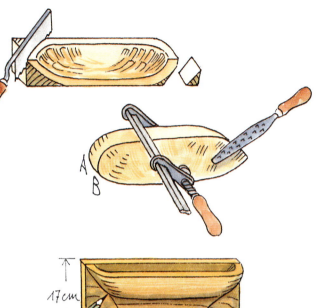

Rundholz des Klüverbaums, an dem später das Vorsegel angebracht wird (⌀ 10 mm), befestigt man mit Holzleim und mit einer Blechlasche am Deckbrett. Das Rundholz (⌀ 8 mm) des Großbaums bekommt auf einer Stirnseite eine kleine

Ringschraube eingedreht. Durch die Ringschraube wird ein Drahtring gezogen, der in einem kleinen Loch im Mast hängt. Zum Beschweren des Kiels wird ein Streifen Dachdeckerblei in der Mitte zusammengelegt und aufgerollt. Die Enden des Bleistückes, noch ca. 8 cm über die Rolle ragend, werden mit kleinen Nägeln an das Kielbrett genagelt (nach dem Arbeiten mit Blei: Hände waschen!). Das Schiff samt Kiel und Bleibeschwerung wird mit farbigen Lacken oder Dispersionsfarben und zwei bis drei Schichten Klarlack bemalt und wasserfest gemacht. Die Segel aus Nylonstoff werden mit dünner Schnur an die Rundhölzer geknüpft oder mit Schnüren an Ringschrauben im Deck befestigt.

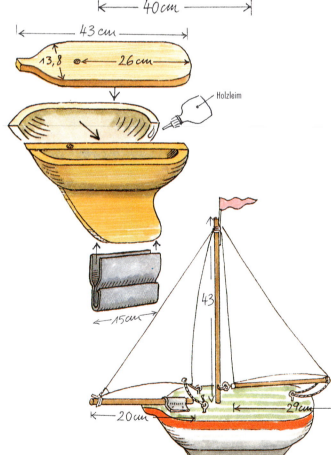

Segelschiff

Vierkantholz: 6 x 6 x 80 cm	Rundholz: ⌀ 10 mm, 47 cm lang
Brett: 17 x 1,8 x 40 cm	Rundholz: ⌀ 10 mm, 20 cm lang
Dachdeckerblei: 15 x 70 cm	Rundholz: ⌀ 8 mm, 26 cm lang
Brett: 13,8 x 1 x 43 cm	4 Ringschrauben, kleine Nägel
Blechstreifen: 4 x 6 cm	Schnur, Nylonstoff
	Holzleim
	Dispersionsfarben und Klarlack

Alpenflieger

Ferdinand Maus ist ein Pionier der Luftfahrt. Zweimal hat er bereits den Ärmelkanal überquert und einmal das Montblanc-Massiv mit seinem Doppeldecker umkreist. Er liebt das Abenteuer über den Wolken – und über dem Chaos im Kinderzimmer! Eben ist er auf dem Flug über die Alpen nach Süden, denn in Rom wird er von seinen Vettern zu einem sportlichen Ereignis erwartet.

Aus einer länglichen Schachtel wird ein halbrundes Einstiegsloch geschnitten und ein Teil der Pappe als Windschutzscheibe nach oben gebogen. An den hinteren Teil der Schachtel werden das Seiten- und Höhenleitwerk des Flugzeugs geklebt. Die einzelnen Teile werden aus Pappe geschnitten und mit Klebelaschen versehen. Eine Flügeldecke aus Karton wird vor dem Einstiegsloch auf den Flugzeugrumpf geklebt; die zweite, auf Abstandhaltern aus Kartonstreifen, darüber. Auf die Unterseite des Flugzeuges wird das Fahrgestell geklebt. Daran werden die Räder aus Korkscheiben befestigt. Reißnägel bilden die Radkappen, die vordere Achse besteht aus einem Zahnstocher. Der Doppeldecker wird mit Dispersionsfarben bemalt und bekommt an seine Nase ein Stück Korken geklebt, in dem sich ein Propeller aus Pappe um einen Nagel dreht.

Flugzeug

längliche Schachtel
diverses Schachtelmaterial
Schere
Kleber
Korken
Reißnägel
Nagel
Zahnstocher
Dispersionsfarbe

Römisches Windwagenrennen

Heute soll es windig werden, und Giulia ist zusammen mit Pipo auf dem Weg zum großen Windwagenrennen. Auf der Tiberbrücke treffen sie auf Hermino Topolino in seinem kleinen Flitzer. Auch er ist unterwegs zum Startplatz. Giulia lächelt, sie weiß, daß er unter seiner Sitzbank einen kleinen Stein als Ballast versteckt hat. Er dient der besseren Bodenhaftung seines Wagens. Giulia hat keinen Ballast nötig. Sie hat Pipo dabei – er wird ihr Glück bringen! Die Rennstrecke ist überall dort ausgesteckt, wo kein Autoverkehr herrscht, dafür aber die Boden- und Windverhältnisse gut sind. Auf „Achtung, fertig, Wind!" geht es los.

Die Karosserien der Wagen bilden Milchtüten. Sie werden sauber ausgespült und ihre Verschlußöffnungen wieder zugeklebt. Mit einem Stift wird die Wagenöffnung markiert. Die Knickstellen von Sitzbank und Windschutzscheibe werden angeritzt und die Tüte wie ein großes „H" eingeschnitten. Die Windschutzscheibe wird nach oben gedrückt, die Bank nach unten. Bevor sie am Boden festgeklebt wird, werden die Räder montiert: 4 Scheiben werden aus Verpackungskarton geschnitten, bemalt und zwischen Korkscheiben auf Schaschlikhölzer gesteckt.

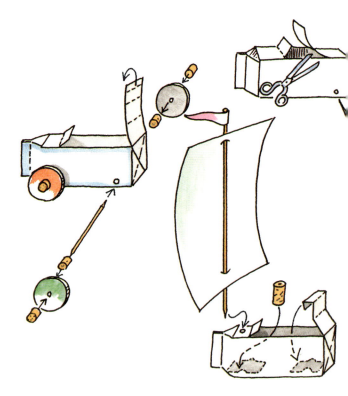

Die Korken verhindern, daß die Räder von den Achsen rutschen oder am Wagen schleifen. Die Pappscheiben haben zwischen den Korken kaum Spiel (ca. 2 mm) und können deshalb nur wenig „flattern". Die Achsenstangen werden mit Doppelklebeband innen an den Wagenboden geklebt. Ebenfalls mit Klebebändern wird hinten die Bank und vorne, unter der Motorhaube, ein Flaschenkorken befestigt.

Unser Motor ist der Wind! Ein DIN-A4-Bogen Papier wird als Segel auf ein angespitztes Rundholz gespießt und dieses durch ein Loch in der Haube in den Korken darunter gesteckt. Mit Dispersionsfarben werden die Wagen bemalt.

Windwagen

Milchtüte
Karton
Rundhölzer
Korken
spitze Schere
Doppelklebeband
1 Bogen Papier
Dispersionsfarben

Nimm mich mit, Kapitän...

Der Ausflugsdampfer „Anna" hat am Ufer angelegt. Wer mitfahren möchte, muß jetzt zusteigen! Gleich werden die Schiffssirenen heulen und die Leinen losgemacht. Dann geht es im Kielwasser eines Ruderkahns die Uferpromenade entlang.

Das sonntäglich geschmückte Vergnügungsschiff aus Styropor und Pappe ist federleicht und liegt breit und unsinkbar auf dem Wasser. Mit Hilfe einer Papierschablone wird die gleichmäßige Schiffsform auf Pappe übertragen und ausgeschnitten. Das Pappestück bildet das Deck des Schiffes und dient zugleich als Schablone für den Unterbau aus Styropor. Aus einer Styroporplatte (vom Baumarkt) wird mit einem scharfen Messer der Schiffskörper geschnitten. Zwei Lagen der Schiffsform werden mit Holzleim übereinandergeklebt und in Alufolie geschlagen. Die Deckpappe wird auf die obere Styroporplatte und über den Folienrand geklebt. Kleine Nägel als Reling fixieren zusätzlich den Rand. Kleine Pappschachteln bilden die Deckaufbauten und übereinandergeklebte Korken drei lange Schlote. Mit farbigen Lacken wird der Dampfer bemalt und über ein Rundholz und Schaschlikstäbchen eine Wimpelgirlande aus Buntpapier gespannt.

Ausflugsdampfer

Styroporplatte: 5 cm stark
Verpackungskarton
Alufolie
Pappschachteln
Holzleim
Rundhölzer
Korken
Lackfarbe
Buntpapier
Schnur
kleine Nägel
Schere
Kleber

Besuch vom kleinen Vampir

Bleich, aber vergnügt macht sich Rüdiger, der kleine Vampir, auf, um seinen Freund Anton zu besuchen. Rüdiger hat Anton das Fliegen beigebracht, und nun bestehen beide auf ihren nächtlichen Ausflügen die spannendsten Abenteuer.

Der kleine Vampir fliegt und flattert mit seinen Armen auf und nieder, sobald die Drahtschlaufe an seinem Haltestab auf und ab geschoben wird. Als Kopf des Flattermanns wird ein Pingpongball in eine bemalte Papprolle geklebt. Mit Lackmalstiften bekommt er einen roten Mund mit schwarzem Vampirzahn ins Gesicht gezeichnet, Augen und Nase werden aus Knetmasse angedrückt. Eine Flaumfeder wird zu seinem Gespensterhaar. Zwei Füße aus Pappe werden in die Papprolle und zwei Arme aus Pappe auf die Rolle geklebt. Über die Schultern wird ein Cape aus Kreppapier gelegt, am Hals gekraust und befestigt. Durch ein Loch auf der Unterseite der Papprolle wird ein Haltestab geschoben und an der gegenüberliegenden Innenseite festgeklebt. Ein Stück Blumendraht, ca. 50 cm lang, wird locker um den Stab geschlungen und verwunden. Die Drahtenden werden an den Armen der Figur befestigt.

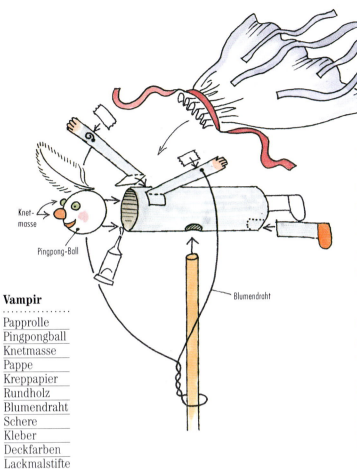

Vampir

Pappröhre
Pingpongball
Knetmasse
Pappe
Kreppapier
Rundholz
Blumendraht
Schere
Kleber
Deckfarben
Lackmalstifte
Klebeband

Möwe

Mit derselben Technik können nicht nur Fledermäuse und Drachen, Schmetterlinge, Elfen und Supermänner das Fliegen lernen, sondern auch Vögel aller Art.

Emma, die kleine Möwe, hat es mit ihrem Flattern über das Meer bis zur Kapuzinerkresse auf dem Balkon geschafft. Ihr Kopf aus Pappe wird, wie der Schwanz, in Schlitzen der Pappröhre befestigt. Ihre Flügel, doppelt aus Aktendeckelpappe geschnitten, werden mit Klebeband auf den Vogelrücken geklebt.

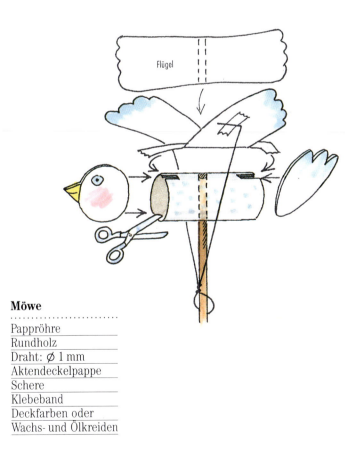

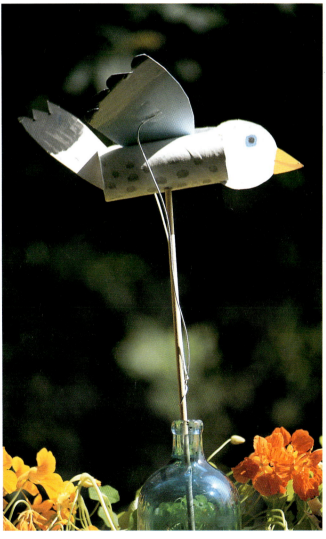

Möwe

Pappröhre
Rundholz
Draht: ∅ 1 mm
Aktendeckelpappe
Schere
Klebeband
Deckfarben oder
Wachs- und Ölkreiden

Zeitreise ins Universum

Schneller als ein Lichtstrahl, vom Auge nicht mehr wahrnehmbar, jagt ein Raumschiff durch das unendliche Weltall. Sein Ziel ist die Hauptstadt des Sirius-Achsenreiches, im unwirtlichen Gebiet der Kapellarischen Scharden. Der Planet wird vom schwachen Schein einer fernen galaktischen Sonne gestreift. Glatte und gewölbte Großspiegel reflektieren das Licht und beleuchten so Stadt und Umgebung. Die Stadt arbeitet mit einem eigenen Wasser-, Abfall- und Energieaufbereitungszyklus. Große und kleine Rohrschleusen dienen der Aufnahme von Raumfahrzeugen und Gütern. Die Wohn- und Arbeitsgebäude sind mit Korridoren verbunden, in denen sich die Bewohner durch „Materie-Transmission" von Ort zu Ort bewegen: Sie werden per Funk vom Sender zum Empfänger transportiert! Große Antennenschüsseln und Funkkugeln helfen ihnen dabei. Für Forschungsfahrten auf der Planetenoberfläche benützen sie Fahrzeuge, die mit hydromagnetischen Plasmamotoren angetrieben werden.

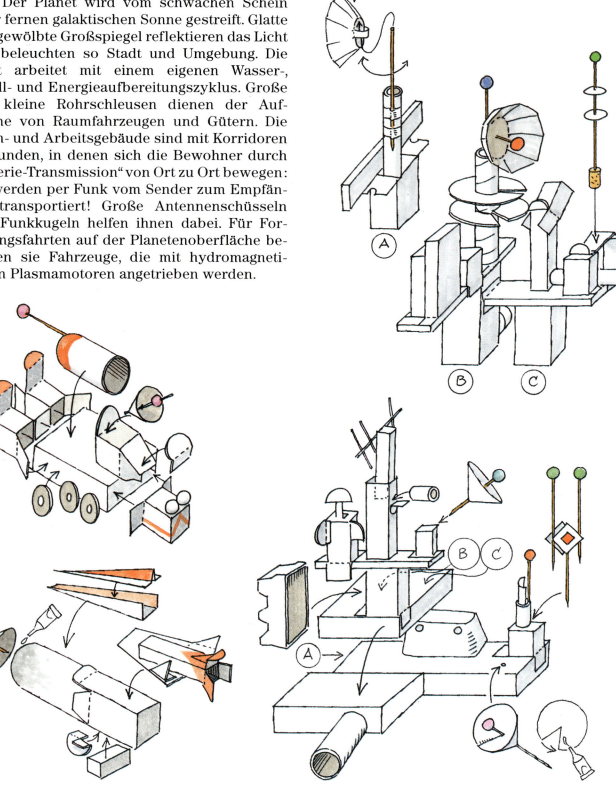

Über flachen Schachtelterrassen erheben sich Türme und Gebäude der utopischen Stadt. Schächtelchen und Schachteln, Pappröhren und Preßkartons werden dazu neben- und übereinandergeklebt. Ihre Verschlußlaschen dienen als Klebelaschen. Aus Zeichenkarton werden „Spiegel"-Scheiben und Antennenschüsseln geschnitten und an dünnen Schaschlikhölzern befestigt. Die bedruckten Schachteln werden mit Dispersionsfarbe weiß überstrichen und bekommen nach dem Trocknen der Farbe Fensterreihen mit schwarzem Filzstift aufgezeichnet. Wattebällchen bilden die „Funkkugeln".

Weltraumstation

diverse Schachteln	Filzstift
Verpackungsmaterial	Schaschlikhölzchen
Pappröhren	Wattebällchen
Zeichenkarton	Schere
Dispersionsfarbe	Kleber

STRANDSOMMER

Die Flut steigt, und tobende Wasser umspülen die Felsen und überschwemmen den Sand. Eine Brücke spannt sich über den Canyon. Sie wurde von der Strandkäfer-Hilfsorganisation gebaut, um in Not geratenen Krabbeltieren die Flucht aufs trockene Festland zu erleichtern. Die Brücke ist stabil und leicht und kann jederzeit zu anderen Einsatzorten transportiert werden. Zwei lange Bambushölzer werden in der Mitte gespalten. Von den entstandenen vier Halbrundstangen werden zwei mit der flachen Seite nach oben nebeneinandergelegt und mit gleich langen, halbrunden „Stegplanken" aus Bambus beklebt. Die verbliebenen beiden Halbrundstangen werden zu Bögen gebogen, zwischen die letzten beiden Stegplanken gespreizt, festgeklebt und zusätzlich mit Schnur festgebunden. Die Brückenbögen werden mit stegbreiten Bambushölzern verbunden. Handläufe aus dünnen Bambusstangen sichern das gefahrlose Überschreiten.

Bambusbrücke

Bambusstangen
Schnur
Holzleim oder Klebepistole
Messer
Puksäge

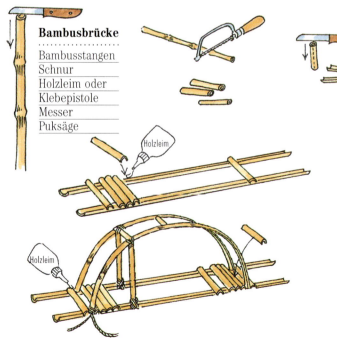

Leuchtturm

Wenn die Sonne im Meer versinkt, dann begleitet das Licht des Leuchtturms die auslaufenden Fischkutter und Trawler in die Nacht hinaus. Es blinkt ihnen Grüße von der Küste zu und warnt alle nächtlichen Seefahrer vor den Felsen am Kap. Erst wenn sich das Morgenlicht silbern über das Wasser legt und am Ufer die Schatten vertreibt, wird es verlöschen.

Aus Konservendosen unterschiedlicher Größe wird der kleine Leuchtturm für den Strandsommer gebaut. Die Deckel werden nicht ganz von den Dosen getrennt. Die leeren Dosen werden bis zum Rand mit Sand gefüllt und die Deckel wieder zugedrückt. Weitere aufgesetzte, sandgefüllte Dosen drücken die Deckel nach unten. Den Abschluß des Turms bildet eine flache, deckellose Konservenbüchse, in die ein Marmeladenglas gesetzt wird. Das Glas schützt ein Teelicht vor dem Wind, und ein darübergestülpter Aluminiumtrichter sorgt für den Rauchabzug. Wer will, kann auf die Dosen mit weißer und roter Lackfarbe Streifen malen. Und wem der Leuchtturm nicht nur einen Sommer lang leuchten soll, der kann die Deckel ganz von den Dosen trennen, die Dosen umdrehen und sie übereinander zusammenlöten.

Leuchtturm

Konservendosen
Marmeladenglas
Aluminiumtrichter
Teelicht
Sand
Lötzinn und Lötkolben
Lackfarben

Einfälle aus Abfällen

Der Sommer am Meer hat den Strandpiraten reiche Beute beschert. Zum Sucherblick kam Finderglück, und aus Abfällen ist eine Flotte von Flußschiffen und ein pinselstacheliges Bürstentier entstanden.

Die Schiffe sind zwar nicht seetüchtig, lassen aber träumen von Ferienfahrten und Abenteuer auf dem Wasser. Die Schiffskörper bestehen aus ausgewaschenen Strandguthölzern, darauf türmen sich die Deckaufbauten aus Korken, Steinen, rund geschliffenen Glasscherben und Muscheln. Ihre Masten werden von Wattebällchen, Federn und trockenen Blättern gekrönt. Die Teile werden mit Schnüren, dünnem Draht oder gebogenen Nägeln (beim Bürstentier) zusammengehalten und mit Klebstoff aus der Klebepistole miteinander verbunden.

Der Schiffer des großen Frachtkahns hat sein Boot in einen „Musik-Dampfer" umgerüstet, indem er bunte Gitarrenplättchen an seine Leinen gehängt hat. Er hat sie in einer Schublade gefunden – verstaubt, aus vergangenen sangesfreudigen Tagen.

Schiffe	**Bürstentier**
Treibholz	Treibholz
Korken	Drahtbesen
Steine	alte Pinsel
Muscheln	Porzellan-Isolatoren
Halme	Nägel
Schnur	
Draht	
Klebepistole	
Wasserfarben	

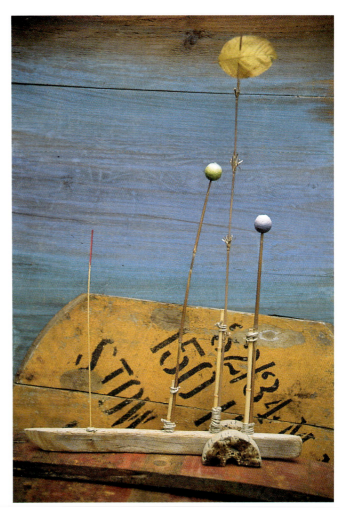

Philemon im Baum

Holzschwärmer

Der Falter ist mit seinem Flügelkleid gut getarnt. Der Zufall war es, der das Holzstück in Flügelform schnitt, und die Natur war es, die es färbte. Nur wenn er mit seinen feinen Silberdraht-Fühlern vibriert, macht er sich bemerkbar. Der Strandholz-Tukan hat schon ein Auge auf ihn geworfen!

Mit ein paar Handgriffen können aus Fundstücken kleine Kunststücke entstehen. Sägeschnitte in die Kante eines flachen Holzscheits geben dem Abfallholz, vom Holzschlagplatz im Wald, das Profil von Philemon mit zu Berge stehenden Haaren. Von seiner erhöhten Position herab wartet er auf den nächsten Spaziergang durch den Wald, bei dem es wieder heißt: Augen auf! – dann bekommt er mit etwas Glück vielleicht Baucis, seine geliebte Frau dazu.

Strandholz-Tukan

Reglos, auf einem langen Bambusbein, lauscht er auf die Geräusche des Regenwaldes.
Die vom Meer rund geschliffenen Holzstücke für das Horn am Kopf, die Flügel und den Schwanz werden mit Holzdübeln am Körperholz befestigt. Der Schnabel, aus Weißblech geschnitten, wird durch Hammerschläge am Rand entlang entgratet. Er wird mit Transparentlack gefärbt und in einem Sägeschlitz im Vogelkopf befestigt.

Tukan

diverse Schwemmholzstücke
Holzdübel
Holzleim
Weißblech und Blechschere
Transparentlack
Bambusrohr
Bohrer
Hammer

Erster Schultag

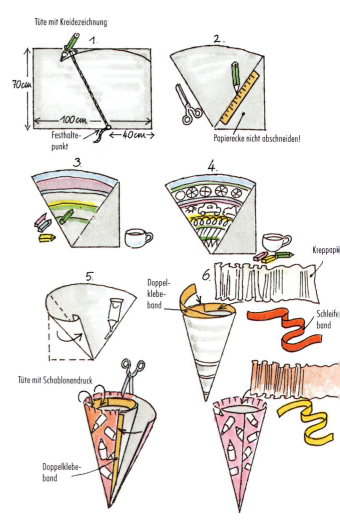

Er hat zwei Milchzähne verloren und kann eine Schleife binden; er hält mit den Autofahrern Blickkontakt, wenn er mit dem Lotsen die Straße überquert, und er kann seinen Vornamen schreiben. Er spielt gern mit anderen Kindern, beschäftigt sich aber auch gern allein und ist neugierig auf alles, was um ihn herum geschieht. Er ist schulreif! Heute ist sein erster Schultag. Stolz zeigt er sich mit seiner selbstgebastelten Schultüte. Sie ist mit Überraschungen gefüllt – symbolhaft für die Überraschungen, welche die kommende Schulzeit für ihn bereithält –, und frohen Mutes macht er sich ans Auspacken.

Bunte Striche und Streifen, Kreise, Zacken und Autos auf schwarzem Fotokarton zeigen, was der kleine ABC-Schütze schon alles kann. Die Tüte verbirgt nicht nur Süßes im Inneren, sie ist auch von außen süß! Wie bei der großen Tafel in der Schule, auf vorgegebenen Linien, wird auf sie mit Tafelkreide „geschrieben". Die Kreide wird vorher in Zuckerwasser getaucht. Dafür wird ein Eßlöffel Zucker in einer Tasse Wasser aufgelöst. Die Kreide wird kurz eingetaucht, so daß die Lösung ca. 1–2 cm aufsteigen kann (sichtbar an der dunklen Färbung). Mit der weichen, matschigen Kreidespitze wird gezeichnet. Die Striche sind erst schwach sichtbar, werden aber nach dem Trocknen der Farbe leuchtend und kräftig. Das Geheimnis der Technik ist jedoch, daß die Kreidezeichnung wischfest geworden ist! Der Zucker hat die Farbe gebunden; sie läßt sich trocken nicht mehr vom Untergrund entfernen.

Linien in unregelmäßigem Abstand, am besten von einem Erwachsenen im Halbrundbogen des Schultütenschnitts locker vorgezeichnet, werden vom Kind mit Zuckerwasserkreide nachgefahren und die Zwischenräume mit Zeichen gemustert.

Schultüte mit Kreidezeichnung

Fotokarton: 70 x 100 cm, schwarz
Bleistift
Schnur
bunte Tafelkreiden
Zucker
Wasser
Schere
Doppelklebeband
Kreppapier
Schleife

Schultüten, schabloniert

Fotokarton: 70 x 100 cm
Bleistift
Schnur
Geschenkpapier, uni
festes Papier
spitze Schere
Dispersionsfarben
Borsten- oder Stupfpinsel
Doppelklebeband
Kreppapier
Schleife

Schultüten mit Schablonendruck

Auch sie werden aus Fotokarton zusammengeklebt, bekommen aber einen Überzug aus schablonierten Geschenkpapieren. Die Schablonen werden aus festem Papier (z.B. Ansichtskarte) geschnitten und auf das unifarbene Geschenkpapier gedrückt. Als Motive eignen sich Dinge, die Kinder lieben, einfache Gegenstände mit klar erkennbaren Umrißformen. Mit trockener Dispersionsfarbe (Farbüberschuß vom Pinsel streichen!) und einem Borsten- oder Stupfpinsel werden die Öffnungen stupfend, nicht streichend, mit Farbe gefüllt. Nach dem Trocknen der Farbe folgt, je nach Motiv, ein zweiter und dritter Schablonendruck mit einer neuen Schablone über den ersten, bis das Motiv zu erkennen ist. Die fertigen Bezugspapiere werden über die Kartontüte gespannt und mit Doppelklebeband daran befestigt. Am oberen Tütenrand steht das Bezugspapier noch ca. zwei fingerbreit über den Kartonrand. Es wird eingeschnitten; die Papierfransen werden um den Rand gedrückt und auf der Innenseite der Schultüte an einen Streifen Doppelklebeband gedrückt. Die untere Hälfte des Klebebandes bleibt frei für einen Streifen Kreppapier von ca. 30 cm Breite und ca. 1,50 m Länge. Gefältelt wird er innen in die Tütenöffnung geklebt und später, nach dem Einfüllen der Überraschungen, von einer Schleife zusammengerafft.

Schablonen

WINDSCHEIBEN

Flugdrachen bauen und steigen lassen ist ein Sport und Freizeitvergnügen, das Kindern und Erwachsenen gleichen Spaß bereitet. Wer schon einmal an einem großen Drachenflugtag am Meer oder im Park teilgenommen hat, der weiß um die Faszination, die von den luftigen Himmelstänzern ausgeht.

Unser leichter, kreisförmiger Drachen ist nicht schwer zu bauen und steigt schon bei geringem Wind.

Ein quadratischer Bogen Pergaminpapier wird wie ein Faltdeckchen zusammengelegt und die Schnittkantenseite rund geschnitten. Der entstandene Kreis wird partienweise mit Kleister bestrichen und bekommt Sterne, Sonnen, Blumen, Kreissegmente oder andere gleichmäßige Muster aus farbigem Pergaminpapier aufgeklebt. Während der Klebstoff trocknet, wird das Drachengerüst gebaut. Ein Bambusrohr (Ø ca. 2 cm) wird mit einem Messer der Länge nach gespalten, geviertelt und abgeflacht (siehe Seite 107). Mit ihrer flachen Seite werden zwei Bambusstäbe wie ein Kreuz übereinandergelegt. Der Kreuzungspunkt ist ca. 15 cm vom oberen Ende des vertikalen Holzes entfernt. Die Stäbe werden mit einer Schnur zusammengebunden. Nach dem Verknoten wird noch ein Ende der Schnur von 90 cm Länge für die Halteschnur des Drachens gebraucht. Die Halteschnur eines Drachens sollte gut eineinhalbmal so lang sein wie seine Längsachse (bei unserem Drachen 80 cm plus 10 cm zum Knüpfen).

Das Bambuskreuz wird mit Holzleim bestrichen und auf die ungemusterte Seite der Papierscheibe geklebt. Die Faltenbrüche des Papieres sind dabei eine gute Orientierungshilfe. Der Längsstab braucht unten noch ca. 5 cm Überstand, damit die Halteschnur und der Drachenschwanz daran befestigt werden können. Bis der Leim trocken ist, wird das Holzkreuz mit Büchern beschwert. Am Kreuzungspunkt der Stäbe, auf der gemusterten Seite der Papierscheibe, wird ein Stück durchsichtiges Klebeband befestigt, durchstochen und das 90 cm lange Schnurende auf die Vorderseite gezogen. Es wird an das überstehende Ende der Längsachse geknüpft. Nun wird der Zugpunkt auf das Drachenzentrum abgestimmt und die „Waage" ermittelt: Wie beim klassischen Diamant-Drachen und anderen Drachen mit Kreuzgerüst befindet sich der Zug- und Schleppunkt, an dem die Drachenleine befestigt wird, etwa in der

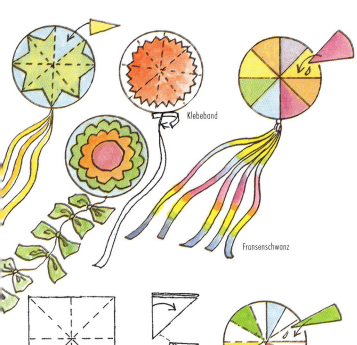

Scheibendrachen

Pergaminpapier	Paketschnur
Bambusrohr	scharfes Messer
Kleister oder Klebestift	Schere
Holzleim	durchsichtiges Klebeband

aus Papier, Stoff oder Folie sein. Unsere Scheibendrachen haben Papierschwänze. Sie bestehen aus einem oder mehreren Streifen Kreppapier (Komet, rote Sonne) oder aus Schleifen (Blume) und Fransen aus Pergaminpapier (Regenbogenrad, buntes Speichenrad). Für die Fransenschwänze werden verschiedenfarbene Pergaminpapiere zu einem Streifen zusammengeklebt und der Streifen nach dem Trocknen des Klebers ziehharmonikaartig zusammengefaltet.

Höhe des ersten oberen Drittels der Längsachse. Für die Einstellung der Waage wird der Drachen flach auf seine Rückseite gelegt und die Waagenschlaufe mit einem Finger angehoben. Von der Längsachse aus gesehen soll sich der Drachen weder nach rechts noch links neigen. Tut er es doch, muß die leichtere Seite mit etwas Holz oder Papier beklebt werden, bis der Drachen im Gleichgewicht hängt. Der Drachen wird wieder auf den Tisch gelegt, angehoben und die Schnur so lange über dem Finger verschoben, bis der Drachen in einem Winkel von 20–30 Grad zur Tischplatte steht. Hier wird die Schnur zu einer Schlaufe gefaßt und an einen kleinen Vorhangring geknüpft (siehe Zeichnung). Der Ring läßt sich verschieben und verhilft dem Drachen, je nach Windstärke, zu einem flacheren oder steileren Neigungswinkel (steil bei wenig Wind – flach bei kräftigem Wind). Flachdrachen brauchen zu ihrer Stabilisierung einen Schwanz. Er sollte siebenmal so lang wie die Längsachse des Drachens sein, kann aber in seiner Länge beim ersten Flugversuch korrigiert werden: kürzen, wenn der Drachen nicht steigt – verlängern oder verstärken, wenn sich der Drachen um sich selbst dreht! Der Drachenschwanz kann

Ein handbreites Stück Papier bleibt dabei überstehend. Das gefaltete Paket wird zu daumendikken Streifen geschnitten – nicht so das überstehende Ende! Die Fransen werden glatt ausgeschüttelt, an ihrem Endstück gerafft und an die Längsachse des Drachens gebunden.
Ein kleines Stück Bambus wird an die Flugleine geknüpft, durch den Vorhangring geschoben, verhakt – und der Drachen ist startklar.

Bilder für den Himmel

Am Gartenzaun warten eine lachende Sonne, ein Regenbogenvogel und ein gestreifter Teppich auf eine günstige Brise. Wenn der Wind die Blätter kräuselt, dann machen sie sich auf die Reise durch Himmelsblau und Wolkenweiß. Der leichte Drachen aus Japanpapier, von Kindern bemalt, von Erwachsenen gebastelt, wird nach traditionellem japanischem „Vorbild" gebaut.

Das japanische Kawasa-Papier ist ein dünnes, aber blickdichtes und festes Papier. Es ist sehr saugfähig und muß mit wäßriger Farbe schnell und spontan bemalt werden. Während die „Himmelsbilder" trocknen, wird ein Bambusrohr zu flachen Stäben geschnitzt. Mit einer Zwickzange werden sie auf die gewünschte Länge gekürzt. Das bemalte Drachenpapier wird der Länge nach zusammengelegt und in der Mitte leicht gefalzt. Die beiden Längskanten werden ca. 2 cm breit nach innen, die Breitseiten oben und unten ca. 3 cm umgeschlagen. Wo der Mittelfalz auf den Bruch der Breitseiten trifft, wird mit einer spitzen Schere ein kleiner Schlitz eingeschnitten.

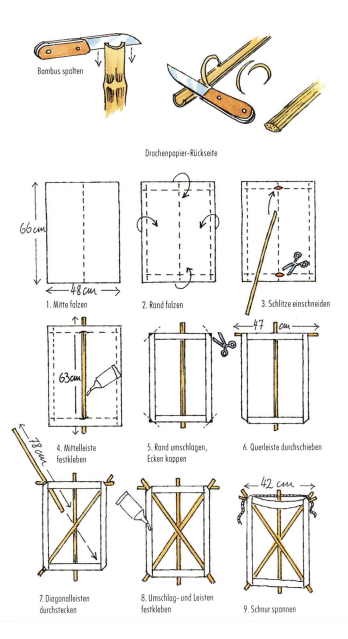

Eine Bambusleiste wird durchgeschoben und mit Holzleim festgeklebt. Die Papierränder werden umgeschlagen, ihre Ecken gekappt und erst die obere Querleiste, dann die beiden Diagonalleisten durchgeschoben und festgeleimt (am Kreuzungspunkt handbreit frei lassen!). Alle Randumschläge werden angeleimt, und die Querleiste wird mit Schnur wie ein Bogen gespannt. Die Halteschnur wird mit Hilfe einer Nadel mit großem Öhr an der Quer- und Mittelleiste befestigt und an die markierte Stelle ein Vorhangring geknüpft (siehe Seite 105). Durch Verschieben läßt sich der Neigungswinkel des Drachens verstellen: Hüpft der Drachen hin und her und will nicht steigen, so ist er zu schwach geneigt – schießt er mit dem Schwanzende zurück zum Boden, dann ist der Neigungswinkel zu steil. Ein Kreppapierstreifen, als Schwanz an der Längsachse befestigt, sorgt zusätzlich für einen ruhigen Flug.

Himmelsbilder

Japanpapier (Kawasa, Zairei)
Bambusrohr: fingerdick
Spagatschnur: ca. 2,50 m
Holzleim
Wasserfarben
Schere
Stopfnadel
scharfes Messer
Vorhangring

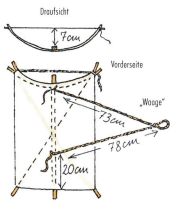

Luftjongleure und Windgaukler

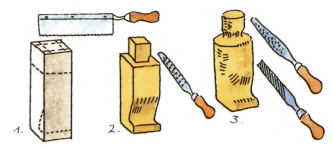

Wenn der Wind übers Feld fegt und Wolkenschafe über den Himmel treibt, dann sind sie in ihrem Element. Dann jongliert die gemischte Artistentruppe mit bunten Bällen, läßt Räder kreisen und weist mit ihren Fahnen und Wimpeln dem luftigen Burschen den Weg.

Die Figuren werden aus Vierkanthölzern oder einer Latte gesägt. Ihre Arme aus Rundhölzern oder einer Leiste werden in vorgebohrte Löcher oder in eine ausgestemmte Nut geleimt. Sie sind mit kleinen Löchern versehen – Haltelöcher für bewegliche Windspielereien, die an ihren Händen befestigt werden. Die Scheiben für Windbälle und die Rechtecke für Windräder und Fahnen werden aus dünnem Weißblech geschnitten, mit einer kleinen Metallfeile entgratet und zusammengesteckt. Windbälle und Schaufelräder bekommen ein Stück Messingrohr (Modellbaubedarf) in die Mitte gelötet, und alle Blechteile werden mit Transparentlack bemalt. Tropfen von Lötzinn fixieren Bälle, Schaufelräder und Fahnen an ihrer Drahtstange. Kleine Unterlegscheiben, aus Weißblech geschnitten, dienen als Auflagefläche für die Messinghülsen. Die Figuren werden mit Dispersionsfarben bemalt und bekommen noch einen zusätzlichen Klarlacküberzug. Drehbar, mit einer Lochöffnung (etwa 5 cm lang) in der Basis, auf einen Zimmermannsnagel und einen Besenstiel gesetzt, erfreuen sie im Garten oder auf dem Balkon nicht nur Zaungäste. Wer es schafft, in der Drehöffnung noch eine kleine Kugel zwischen Nagelkopf und Figur zu plazieren, der macht die Luftakrobaten noch windwendiger.

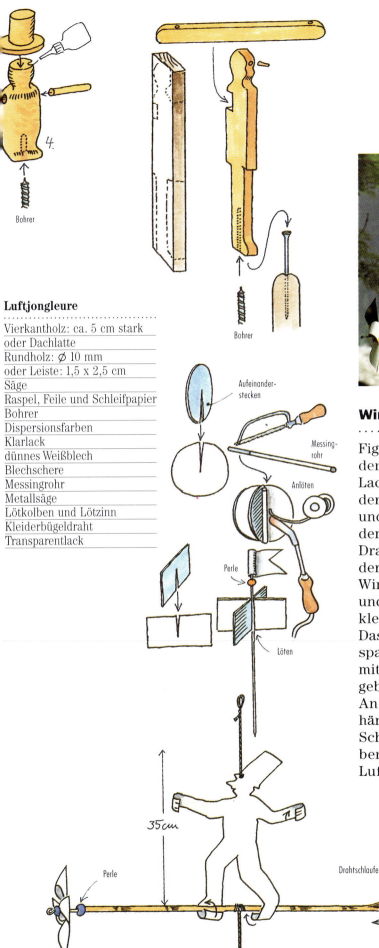

Luftjongleure

Vierkantholz: ca. 5 cm stark
oder Dachlatte
Rundholz: ⌀ 10 mm
oder Leiste: 1,5 x 2,5 cm
Säge
Raspel, Feile und Schleifpapier
Bohrer
Dispersionsfarben
Klarlack
dünnes Weißblech
Blechschere
Messingrohr
Metallsäge
Lötkolben und Lötzinn
Kleiderbügeldraht
Transparentlack

Windgaukler

Figur, Windfahne, Windball und Windräder werden aus dünnem Weißblech geschnitten und mit Lackfarbe bemalt. Die verlängerten Fußstücke der Figur werden um ein Bambusrohr gerollt und zusammengedrückt. Das größere der beiden Windräder wird mit Glasperlen auf ein Drahtstück gesteckt und der Draht in die vordere Rohröffnung geschoben. Das kleinere Windrad wird auf einen Drahthaken gesteckt und der Drahthaken wie die Drahtstange des kleinen Windballs in die Hände der Figur gerollt. Das hintere Ende des Bambusrohrs wird gespalten, eine Windfahne hineingeschoben und mit dünnem verzinktem Draht an das Rohr gebunden.

An das Windpendel wird eine Schnur zum Aufhängen geknüpft und ein Steingewicht befestigt. Schnur und Gewicht werden so lange verschoben, bis die Bambusstange waagerecht in der Luft liegt und die Figur im Lot hängt.

Windgaukler

dünnes Weißblech
Blechschere
Metallfeile
Flachzange
Lackfarben
Kleiderbügeldraht
dünner verzinkter Draht
Schnur
Perlen
Stein

ZAUNGÄSTE

Die größere Figur besteht aus einem Balken, die kleinere aus einer Vierkantbohle. Die Hölzer werden mit Schraubzwingen auf einem Arbeitstisch festgehalten und mit einer Säge unterhalb des aufgezeichneten Kopfes und in Schulterhöhe ringsherum 1–2 cm tief eingesägt. Mit einem Stemmeisen wird das Holz zwischen den Einschnitten entfernt, so daß ein schlankes Halsstück entsteht. Das Gesicht der kleineren Figur wird mit Säge und Stemmeisen grob aus der Bohlenkante modelliert und bekommt ein Nasenstück, aus einem Kantholz gesägt, angedübelt. An die größere Figur werden Ohren, Nase und Mund aus Leistenresten gedübelt – ihre Augen sind Rundholzscheiben. Arme und Beine der Figuren werden aus Dachlatten gesägt und die Beinhölzer unten zugespitzt. Mit zwei Schrauben werden sie am Holzkörper befestigt. Am Körper gefaßt und hochgehoben, lassen sich die Figuren mit den Beinspitzen gut in die Erde rammen. Die Armhölzer werden mit einer Schraube befestigt und sind beweglich.

Der Hut der großen Figur ist eine große Blechbüchse. In ihr steckt an einem gebogenen Kleiderbügeldraht ein Propeller aus Blech. Die kleine Figur trägt einen „Strohhut" aus einem Aluminiumtopf und einer gelochten Blechkrempe. Mit dünnem Draht werden die beiden Teile „zusammengenäht". Damit Gewitterböen den Hut nicht vom Kopf wehen, kann er mit Nägeln am Hinterkopf befestigt werden.

Zaungäste und weißer Clown

Vierkantbohle: 10 x 10 cm
Balken: 11 x 5,5 cm
Dachlatten
Schraubzwingen
Säge
Stemmeisen und Holzhammer
Leistenreste
Dübelhölzer
Holzleim
Holzschrauben
Lackfarbe, weiß, rot, gelb und blau
Blechbüchse
Drahtkleiderbügel
Aluminiumtopf
Offsetblech oder dünnes Weißblech
dünner Draht

Sie stehen zwischen blühenden Stauden im Garten, träumen unter den Wildrosensträuchern oder machen vom Gartenhaus herüber ihre stillen Beobachtungen. Mit Blechhauben gut behütet und mit wetterfestem Lack bemalt, überdauern sie selbst Herbst und Winter.

Weißer Clown

Hereinspaziert, meine Herrschaften, treten Sie näher! Gleich beginnt die Vorstellung!
Der lange Animateur wird, wie der Zaungast mit dem gelben Sonnenhut, aus einer Vierkantbohle gebaut. Körper, Arme und Beine sind jedoch länger, und die Figur ist mit dem Stemmeisen differenzierter modelliert. Nach dem Bemalen bekommt er noch schnell eine spitze Mütze, sie ist aus Blech gebogen und zusammengenietet. Und dann heißt es: Vorhang auf für die nächste Vorstellung!

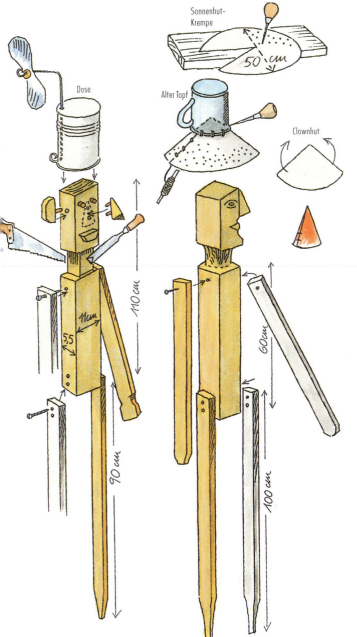

Die Gebrüder Zampano

Einmal im Jahr findet das Treffen der berühmten Clownfamilie Zampano statt. Dann führen sich Neffen, Onkel und angeheiratete Schwäger gegenseitig ihre lustigsten Nummern vor. Sie hören erst damit auf, wenn sich alle vor Lachen im Sägemehl wälzen.
Der diesjährige Stargast ist Elvira, die singende Gans. Sie schießt den Vogel ab! Wenn sie mit gespitztem Schnabel „La Paloma" flötet, bleibt kein Auge trocken.

Clowns und Schneckenfüßler

Mehl
Salz
Alaunpulver
Öl
Lebensmittelfarbe
heißes Wasser
Zahnstocher

Fuzzeltiere

Plastilin
trockenes Naturmaterial

Die Knetmasse für die Zirkusfamilie, aus echtem Salz und Korn, wird selber gemacht. 400 Gramm Mehl werden mit 200 Gramm Salz, 2 Eßlöffeln Alaunpulver (aus der Apotheke), 3 Eßlöffeln Öl und einem halben Liter kochendem Wasser verrührt und zusammengeknetet. Die Masse wird mit roter, gelber und blauer Lebensmittelfarbe gefärbt. Untereinander gemischt und verknetet, ergibt sich daraus eine Vielzahl von Mischtönen. In Folie gepackt, bleibt die Masse wochenlang weich – an der Luft ist sie in ein paar Stunden steinhart getrocknet und die Farbe durch das kristallisierende Salz leicht verblaßt. Wie bei Salzteigfiguren üblich, brauchen größere plastische Gebilde während des Trocknens einen stützenden Unterbau. Unsere Clowns sind auf Zahnstocher gespießt, die in einem Manegeboden aus Styropor stecken.

Schneckenfüßler

Es liegt in der Natur der Phantasie, daß sie nicht nur singende Gänse hervorbringt, sondern auch Schneckenfüßler und andere Wunderwesen. Endlich wissen wir, wer die Löcher in die großen Blätter knabbert! Krabbler sind es, mit vielen Beinen und einem bunten Leib. Die Fühler werden mit Hilfe von Zahnstocherstückchen befestigt.

Fuzzeltiere

„... jetzt fahrn wir übern See auf einer hölzern Wu-hurzel...", nicht schön, aber laut und vergnügt johlt es über das Wasser – und dann kommen sie näher: drei kleine Fuzzeltiere, mit gewaltiger Stimme! Jetzt sind sie still geworden. Sie schämen sich ein bißchen, denn sie wußten nicht, daß ihrem Gesang jemand lauschte.
Die Tierkörper aus Knetmasse sind mit allem bestückt, was sich vor der Tür, im Park, im Wald und auf der Wiese finden läßt: verblühte Gräser, trockene Blätter, Kiefernnadeln, Ahornsamen usw.

Bananen, Melonen und Äpfel

Pfirsiche und Erdbeeren, Orangen, Zitronen und Salat, Blumenkohl und Spargel, Tomaten, Rettiche und Karotten – ein internationales Angebot an Obst und Gemüse erwartet die Käufer aus der Puppenstube.

Eine umgedrehte Obstschale aus Pappe wird zum Verkaufstisch, ein gestreiftes Blatt Papier zum Markisendach. Es wird von einem Gestänge aus Pappstreifen und Schaschlikhölzern getragen. Obst und Gemüse aus selbstgemachter Knetmasse (siehe Seite 112), wird in Schälchen, aus einem Eierkarton geschnitten, präsentiert oder in Steigen aus Streichholzschachteln feilgeboten. Wer keine Streichholzschachteln zur Hand hat, kann sie aus kräftigem Papier (Packpapier, Tonpapier) schnell selber falten und zusammenkleben.

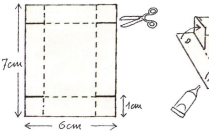
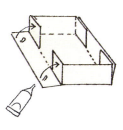

Zwerge

Die Besitzer des kleinen Marktstandes sind Obst- und Gemüsezwerge und heißen Otto und Willi. Da sie nur frische Ware aus biologischem Anbau führen, floriert ihr Geschäft, und sie können sich besondere Hobbys leisten. Während Otto gern zur Tierbeobachtung auf Safari geht, durchstreift Willi am liebsten Wald und Flur. Köpfe, Arme und Beine von Zwergen und Tieren werden einzeln geformt und auf Zahnstocher gesteckt. Die Zahnstocher ragen noch ca. 2 cm aus den geformten Teilen hervor und werden durch das Trocknen der Knetmasse fest mit dieser verbunden. Die trockenen Teile werden mit Deckfarbe bemalt und erhalten durch seidenmatten Sprühlack einen wasserfesten Überzug. Die Figurteile können ständig ihren Körper wechseln – welche Möglichkeiten!

Obst- und Gemüsestand

Salzteig
Obstschale
1 Bogen Papier
Pappe
Schaschlikhölzer
Eierkarton
kräftiges Papier
Schere
Kleber

Zwerge und Tiere

Plastika
Zahnstocher
Deckfarben
Sprühlack

In der Farb-Kreidezeit

Bei den saftigen Pflanzen am kleinen See treffen Saurier unterschiedlicher Gattungen zusammen. Während große Langhalssaurier friedlich an Schilfstauden und Schachtelhalmen knabbern, erschrickt ein Triceratops-Hornsaurier furchtbar vor einem gelben Edaphosaurus. Erstarrt, mit nach innen gewendetem Blick und erhobenem Schwanz, steht dieser vor ihm. Doch das säugerähnliche Reptil wärmt nur sein rotes Rückensegel an der Sonne. Wenn es genügend solarbeheizt ist, macht es sich auch auf zur Futtersuche. Der Hornsaurier – nur sein Kopf ist panzergeschützt – sollte sich lieber umsehen und sein Nackenschild mit den Hörnern nach rückwärts zur Verteidigung wenden. Ein gelbgefleckter Spinosaurus hat sich, aufrecht auf den Hinterbeinen gehend, genähert. Seine verlängerten Rückenwirbel bilden Kammschuppen entlang der Rückenlinie. Mit gierigem Blick streift er die Runde. Eine Stegosaurusmutter hat die Gefahr erkannt und flüchtet mit ihrem Jungen.

Trotz ihres gefährlichen Dornenschwanzes und den Knochenplatten auf ihrem Rücken will sie sich auf keinen Kampf einlassen.

Saurier

Die Tiere werden aus Ton geformt. An die walzenförmigen Körper werden Kopf, Hals, Beine, Schwanz, Schuppen und Hörner gedrückt und mit Ton gut angestrichen. Sie dürfen nicht zu schlank ausfallen, da sie sonst leicht abbrechen. Nach dem Schrühbrand, bei ca. 950 °C, werden die Saurier mit wasserfester Dispersionsfarbe bemalt.

Landschaft

Für die Spiellandschaft werden auf eine Styroporplatte (vom Baumarkt) gebrochene und eventuell mit einer Raspel gerundete Styroporplattenteile geklebt (Holzleim!) und mit Zeitungspapier und Kleister kaschiert. Nach dem Trocknen des Kleisters wird die Landschaft mit Dispersionsfarbe bemalt. Durch die farbige Papierschicht werden Schaschlikstäbe oder Rundhölzer in den Styroporgrund gesteckt. Über die Hölzer werden Pflanzenstengel und Stämme aus gerolltem Tonpapier gestülpt. Die Baumstämme werden mit Papierblättern beklebt und die Schachtelhalme mit Fransenstreifen umringelt.

Saurier

Ton
Tonbrennofen
Dispersionsfarbe

Landschaft

Styroporplatten: 5 cm stark
Zeitungspapier
Kleister
Schaschlikstäbe
Tonpapier
Schere
Kleber
Dispersionsfarbe

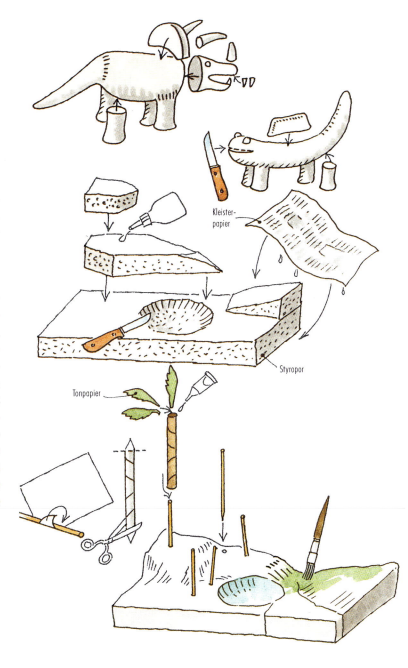

Herbstblätter und Schneesterne

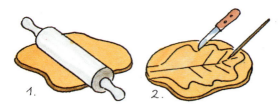

Wenn die Blätter fallen, die Schatten länger und die Tage kürzer werden, dann kommt die Zeit der selbstgemachten Weihnachtsgeschenke. Wie wäre es mit einem Untersetzer aus Ton in Blattform? Er ist zum Beispiel der ideale Untersatz für die Pfanne mit heißen Maronen!

Mit dem Nudelholz wird ein Batzen Ton fingerdick ausgewalzt und mit einem spitzen Schaschlikhölzchen die Blattform eingeritzt. Das Stengelstück sollte nicht zu schlank sein, da es sonst leicht abbricht. Blattadern sollten nicht zu tief und mehr eingedrückt als eingekratzt werden, weil sich sonst nach dem Brennen scharfe Kanten bilden. Die Kanten, die beim Ausschneiden der Form mit einem Messer entstehen, werden mit dem Finger rund verstrichen. Noch nicht ganz trocken, in lederhartem Zustand, wird das Blatt in weiße Engobe getaucht, und, wenn es gut durchgetrocknet ist, zum ersten Mal gebrannt (950 °C). Die Oberfläche des Blattes kann mit farbiger Glasur ein- oder mehrfarbig übergossen und gesprenkelt werden. Zum Sprenkeln werden die Finger in Glasur getaucht und diese über der Tonkachel verspritzt. Die Glasur wird bei 1050 °C auf das Blatt gebrannt.

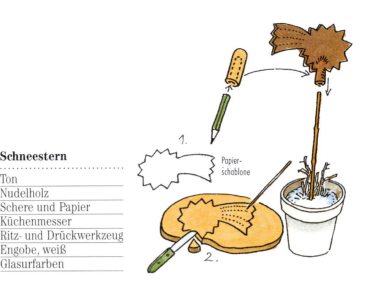

Blatt

Ton, rot brennend
Nudelholz
Küchenmesser
Schaschlikholz
Engobe, weiß
Glasurfarben

Schneestern

Ton
Nudelholz
Schere und Papier
Küchenmesser
Ritz- und Drückwerkzeug
Engobe, weiß
Glasurfarben

Schneesterne

Sterne aus Ton zieren in der Vorweihnachtszeit den schmucklosen Garten oder stecken in den verwaisten Blumenkästen und -töpfen auf dem Balkon. Gebrannt und glasiert können ihnen weder kalte Frostnächte noch nasse Schneehauben etwas anhaben.

Rot brennender Ton wird mit dem Nudelholz fingerdick ausgewalkt. Eine Sternenschablone aus Papier wird auf die Tonplatte gelegt und mit der Spitze eines Schaschlikhölzchens oder eines Zahnstochers umfahren. Mit einem kleinen Küchenmesser wird der Stern ausgeschnitten. Die scharfen Schnittkanten mit dem Finger rund verstreichen. Durch Abdrücken und Einritzen wird er gemustert. Als Werkzeuge dienen dabei Messer-, Bleistift- und Schaschlikholzspitzen sowie ihre stumpfen Rückseiten. Auf die ungemusterte Rückseite des Sterns wird eine daumendicke Tonwalze gedrückt und verstrichen, in die zuvor, mit einem Rundholz ein leicht konisch zulaufendes Loch gebohrt wurde. In lederhartem Zustand wird der Stern in dünnflüssige weiße Engobe getaucht und danach, trocken, im Tonbrennofen bei 950 °C gebrannt. Bemalt mit Glasurfarbe in Weiß, Gelb und winterkalten Blautönen bekommen die „Schneesterne" durch einen zweiten Brand bei 1050 °C ihren wetterfesten Überzug.

Wenn der Sternenanzünder kommt

An klaren wolkenlosen Abenden kommt der Sternenanzünder. Am weiten Firmament entfacht er ein Sternenlicht nach dem anderen und löscht es erst wieder in den Morgenstunden.

Aus einem ca. 15 cm langen Leistenstück werden mit Säge, Raspel und Feile Kopfform und Körper modelliert. Aus Vierkanthölzern entstehen Arme mit eingekerbten Händen, durch die kleine Löcher in Drahtstärke und Dornstärke des Kerzenhalters gebohrt werden. Löcher, 6 mm im Durchmesser, werden in die Stirnseite der Armhölzer gebohrt und die Arme – in Schulterhöhe der Figur – in den Holzkörper gesteckt und festgeleimt. Mit Leim und einem Dübel wird die Figurenleiste senkrecht auf einem Standbrett befestigt und zwei Schuhstücke davor geleimt. Ein Hut aus Rundholzscheiben wird auf den Kopf geklebt. Auf dünnes Weißblech wird ein Stern gezeichnet, mit der Blechschere ausgeschnitten, die scharfen Kanten mit Schleifpapier entgratet und das Blech mit einem Zimmer-

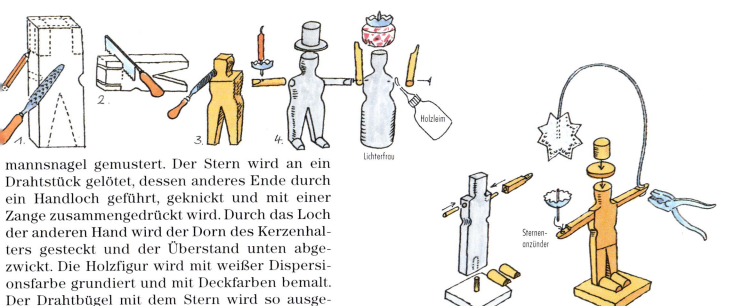

mannsnagel gemustert. Der Stern wird an ein Drahtstück gelötet, dessen anderes Ende durch ein Handloch geführt, geknickt und mit einer Zange zusammengedrückt wird. Durch das Loch der anderen Hand wird der Dorn des Kerzenhalters gesteckt und der Überstand unten abgezwickt. Die Holzfigur wird mit weißer Dispersionsfarbe grundiert und mit Deckfarben bemalt. Der Drahtbügel mit dem Stern wird so ausgerichtet, daß die spiegelnde Blechscheibe das Kerzenlicht reflektiert.

Lichterfrauen und Kerzenmänner

Die Frauen tragen ihr Kerzenlicht in Holzkörben auf dem Kopf, die Männer halten es am ausgestreckten Arm. Den anderen Arm haben sie frei für kleine vorweihnachtliche Mitbringsel und Geschenke wie Überraschungsnüsse, Plätzchen, Trockenobst und Lebkuchen.

Die Frauen, 12–15 cm groß, werden wie ihre Körbe aus einem Vierkantholz gesägt, die Männer aus einer Latte.

Die Schnittstelle der Standfläche muß eben sein, damit die Kerzenhalter nicht kippen. Bei den Männern wird aus der Latte ein Holzkeil gesägt, dadurch entstehen zwei Beine.

Aus gespaltenen Rundholzstücken bekommen sie Schuhe davor geklebt. Die ca. 6 cm langen Rundhölzer der Arme (⌀ 10 mm) werden in Schulterhöhe in die Körper gedübelt oder mit Nägeln (kleines Loch vorbohren!) und Leim befestigt. In die Körbe und Arme werden kleine Löcher gebohrt, durch die der Dorn des Kerzenhalters gesteckt wird. Das unter den Armrundhölzern überstehende Ende des Dorns wird abgezwickt.

Sternenanzünder	**Kerzenhalterfiguren**
Leiste: 1,5 x 4 cm	Vierkantholz: 5 x 5 cm
Vierkantleisten: 1,5 x 1,5 cm	Latte: 2,5 x 6 cm
Brett: 1 x 7 cm	Rundholz: ⌀ 10 mm
Rundholzstücke und -scheiben	Rundholzstücke und -scheiben
Kerzenhalter mit Dorn	Kerzenhalter mit Dorn
dünnes Weißblech	Säge, Raspel und Feile
Draht: ⌀ 1,5 mm	Schleifpapier
3 Dübel: ⌀ 6 mm	Holzleim
Lötkolben und Lötzinn	Dispersions- und Deckfarbe
Schleifpapier	
Säge, Raspel und Feile	
Dispersions- und Deckfarbe	

Kräftige Knacker

Nach der Nußernte im Herbst und in den Tagen um Nikolaus haben sie viel zu tun. Dann lassen sie es knacken! – die kernigen Burschen mit den kräftigen Zähnen und den wilden Bärten. Dank des Hebelarms an ihrem Unterkiefer schaffen sie die härteste Nuß.

Von einem Vierkantholz (5,5 x 5,5 cm) wird ein 24 cm langes Stück gesägt. Seine Kanten werden mit einer Feile „gebrochen". Die Mundöffnung des Nußknackers, ein Rechteck von 6 cm Länge und 3,5 cm Breite, wird auf das Holzstück gezeichnet (siehe Zeichnung) und die Ecken mit einem 8-mm-Bohrer durchbohrt. Die Bohrlöcher sind Ansatzpunkte für das Sägeblatt der elektrischen Stichsäge. Mit ihrer Hilfe wird das rechteckige Loch aus dem Vierkantholz gesägt. In Fortsetzung des Lochs, bis zur Standfläche der Figur, muß nun eine Nut für den Hebelarm ausgestemmt werden. Mit einer Feinsäge werden dazu die Nutränder 3 cm tief gesägt und das Holz dazwischen mit Stemmeisen und Holzhammer ausgehoben.

Der Hebel ist 17 cm lang und wird mit der Stichsäge aus einer Hartholzleiste (z.B. Buche) gesägt. Er bewegt sich locker um sein Achsenholz (ø 10 mm), für das er – 1,5 cm von seiner Oberkante entfernt – ein Loch von 10,5 mm ø gebohrt bekommt. Die Löcher für die Achsenaufhängung in der Figur haben einen Durchmesser von 10 mm. Das Achsenholz wird mit Leim darin fixiert. Aus einem 1 cm starken Sperrholzrest wird die Scheibe einer Hutkrempe gesägt und aus einem Stück Vierkantholz der Hutstumpen rund geraspelt. Beides wird übereinander auf die Holzfigur geklebt, darunter ein Nasenstück aus einem Leistenrest.

Der Nußknacker wird mit wasserfesten Dispersionsfarben bemalt. Ein Pelzstreifen, um den Kopf geklebt, bildet das Haar, ein Pelzlappen, am „Unterkiefer" des Hebels befestigt, verdeckt als Bart den unteren Teil der großen Mundöffnung.

Nußknacker

Fichtenvierkantholz: 5,5 x 5,5 x 24 cm
Hartholzleiste: 5,5 x 3 x 17 cm
Sperrholzrest: 1 cm stark, für die Scheibe ca. 10 cm
Vierkantrest: 5,5 x 5,5 x 6 cm
Rundholz: ø 10 mm, 5,5 cm lang
elektrische Stichsäge
Feinsäge
Stemmeisen
Raspel, Feile und Schleifpapier
Dispersionsfarbe
Lederreste
Holzleim

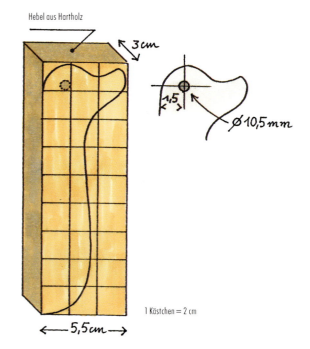

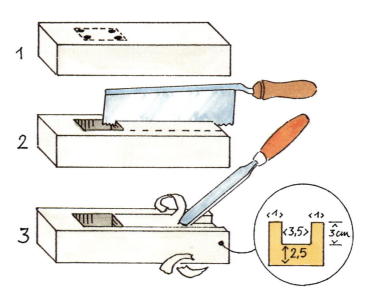

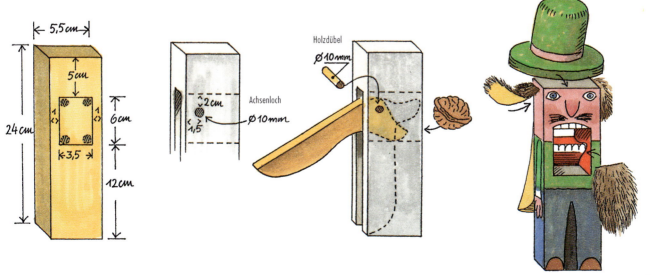

123

WEIHNACHTSMANNTREFF

Weihnachtsmänner haben viele Gesichter und viele Namen: Nikolaus und Knecht Ruprecht, Santa Claus und Väterchen Frost, Père Noël, Sinterklas und andere mehr. Jedes Land hat für den weihnachtlichen Gabenbringer einen anderen Namen. Die weißbärtigen Männer reiten auf geschmückten Pferden durch den Ort, fahren mit Rentierschlitten durch die Lüfte oder stapfen mit schweren Stiefeln durch den Schnee. Ihre Säcke sind mit „Äpfeln, Nuß- und Mandelkern" und anderen Kinderfreuden gefüllt. Welcher der Weihnachtsmänner wann, wo, welches Kind beschert, muß vorher geplant und abgesprochen werden. Bevor sie sich trennen, um in der Dämmerung in alle Himmelsrichtungen zu ihren Einsatzorten zu eilen, stellen sie sich noch einmal zu einem Erinnerungsfoto zusammen.

Die Figuren werden mit der Laubsäge aus ca. 5 mm starkem Sperrholz gesägt. Bei der Vorzeichnung mit dem Bleistift ist darauf zu achten, daß die Arme nicht zu dünn ausfallen (sie brechen sonst leicht ab) und daß der Mantelsaum eine gerade Schnittfläche bildet. Nach dem Aussägen werden alle Kanten mit Schleifpapier gerundet; die Figur wird mit weißer Dispersionsfarbe grundiert und mit Deckfarben bemalt. Ihre Standfestigkeit bekommen die Brettfiguren durch angeleimte Stiefel aus Restholzstücken. Je nach der Figur ist das Holz 1–2 cm stark. Der rückwärtige Stiefelschaft und die Sohle müssen dabei exakt einen rechten Winkel bilden. Der vordere Stiefelschaft und die Stiefelkappen werden mit Raspel und Feile gerundet.

Dem fertigen Weihnachtsmann klebt man an die eine Hand einen Stock und knüpft an die andere Hand eine Schnur. Die Schnurenden verschließen ein Überraschungssäckchen.

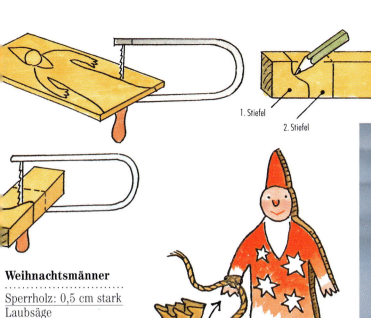

1. Stiefel
2. Stiefel

Weihnachtsmänner

Sperrholz: 0,5 cm stark
Laubsäge
Schleifpapier
Restholzstück
weiße Dispersionsfarbe
Deckfarben
Schnur
Stoffrest

Kerzenhalter-Engel

Engel, große und kleine, bringen schimmerndes Licht in die Weihnachtsstuben.

Sie werden mit der Laubsäge aus 0,8 cm starkem Sperrholz gesägt und sind 18–45 cm groß. Ihre beiden Arme werden extra ausgesägt, dazu noch ein rechteckiges Stück, das in Handhöhe zwischen die Arme geklebt wird. In das Holzstück wird ein ca. 3 mm großes Loch gebohrt. Die Arme werden an den Körper geleimt. Nach dem Glätten der Kanten mit Schleifpapier werden die Figur und die Arme mit weißer Dispersionsfarbe grundiert und mit bunten Deckfarben bemalt. Zwei Vierkantleistenstücke werden, bündig mit der geraden Schnittkante des Rocksaums, von beiden Seiten an den Rock geklebt. Sie geben der Figur die Standfestigkeit.

Durch das Loch im Holzstück zwischen den Händen wird der Dorn eines Adventskranz-Kerzenhalters gesteckt. Das überstehende Ende des Dorns wird mit einer Kombizange abgezwickt und in den Kerzenhalter eine Kerze gedrückt.

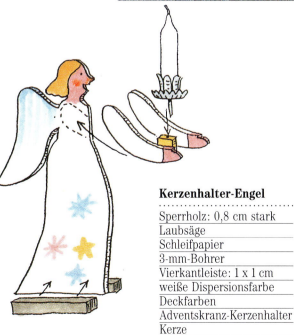

Kerzenhalter-Engel

Sperrholz: 0,8 cm stark
Laubsäge
Schleifpapier
3-mm-Bohrer
Vierkantleiste: 1 x 1 cm
weiße Dispersionsfarbe
Deckfarben
Adventskranz-Kerzenhalter
Kerze

125

Nikolaus war da

Er hat alle Kinder besucht und in ihre selbstgebastelten Stiefel Geschenke gefüllt. Jetzt kann er sich bis zum nächsten Jahr ausruhen und seine Hobbys pflegen: Er geht Eisstockschießen und Schlittschuhlaufen, vervollständigt seine Schneekristallsammlung, ißt Bratäpfel, spielt mit seinen Freunden, den Eisheiligen, Karten oder liest Bücher, die von warmen Sommertagen handeln.
Die bunten Stiefel sind aus Papier und Kleister geschustert. Nur der Schaft ist hohl – nicht so der Vorderfuß.

Auf ein Stück Verpackungskarton wird der eigene Schuh gestellt und die Sohle mit einem weichen Bleistift umfahren. Mit einer kräftigen Schere wird die Form aus dem Karton geschnitten – das Absatzstück noch zwei- bis dreimal extra. Die Absatzstücke werden übereinander- und dann unter die Pappsohle geklebt. Ein Zeitungspapierbogen wird auf Schaftlänge zusammengefaltet, zu einer Röhre gerollt und mit Klebeband verschlossen. Mit nassen Kleisterpapierstreifen wird sie über dem Absatz auf der Sohle befestigt. Auf das Vorderfußstück der Sohle werden locker geknüllte Zeitungsbälle gelegt und in einen kleisternassen Zeitungsbogen geschlagen. Zwei weitere Bogen kommen darüber und schaffen die Verbindung zur Schaftröhre. An der Ferse werden Schaft, Sohle und Absatz mit Kleisterpapierstücken zusammengefügt.
Nach dem Trocknen wird der Stiefel mit weißer Dispersionsfarbe grundiert und mit bunten Dispersionsfarben bemalt.

Stiefel

Zeitungspapier
Kleister
Karton
Dispersionsfarbe
Schere

BAUMSCHMUCK

Nicht aus Stoffstücken genäht, sondern aus leichtem Holz gesägt sind diese „Patchwork"-Sterne. Sie schmücken die Wohnung und baumeln an Kränzen und Zweigen oder vor der Fensterscheibe.

Die geometrischen Sterne lassen sich am besten auf kariertem Papier konstruieren. Die Papierschablone wird auf das Holz übertragen und der Stern mit der Laubsäge ausgesägt. Kleinere Kinder zeichnen sich am einfachsten ein ungefähres Kreisrund auf das Holz und umranden es mit Zacken, unregelmäßig und spontan, so wie es ihnen von der Hand geht.

Die Kanten der Sterne werden mit Schleifpapier gerundet und das Holz mit Dispersionsfarbe grundiert. Nach dem Bemalen mit Deckfarben wird zum Aufhängen eine Sternzacke mit einem dünnen Bohrer durchbohrt und mit einer Nadel Goldschnur durchgezogen.

Weihnachtskugeln

Leicht und unzerbrechlich sind die bunten Kugeln aus Papier. Flecken aus Blattgold und Folienpapier sorgen für den Glitzereffekt.
Ein alter Tennisball (Holzkugel, Orange o.ä.) wird in Alufolie gewickelt – die Falten glattstreichen! Eine Zeitung wird in kleine Fetzen gerissen, und die Schnipsel werden mit Kleister in zwei bis drei Lagen übereinander rundum auf die Alufolie geklebt. Wenn die Schichten trocken sind, wird die Kugel mit einem scharfen Papiermesser einmal im Rund aufgeschlitzt. Nur ein kleiner Steg von 1–2 cm sollte dabei stehenbleiben und nicht durchtrennt werden. Die beiden Papierhalbkugeln auseinanderklappen und den Ball aus dem Inneren entfernen. Die beiden Halbkugeln wieder zu einer Kugel zusammenfügen und die Schnittstelle mit Zeitungsstücken und Kleister kaschieren. Als Aufhänger wird mit Hilfe eines Bleistiftes eine runde Drahtschlaufe gebogen und deren Drahtenden mit Kleisterpapier auf die Kugel geklebt. Mit Dispersionsfarben werden die Kugeln grundiert und mit Folienpapierstücken oder Blattgold beklebt.

Patchworksterne

Sperrholzreste: 3 mm stark
Laubsägebogen
Laubsägeblätter: 4–6 mm stark
Schleifpapier (Korn 120)
3-mm-Bohrer
Dispersionsfarbe, weiß
Deckfarben
Goldfaden

Weihnachtskugeln

Tennisball
Zeitungspapier
Kleister
dünner Draht
scharfes Messer (Cutter)
Dispersionsfarbe
Folienpapier
Dekorationsgold
Vergolderlack

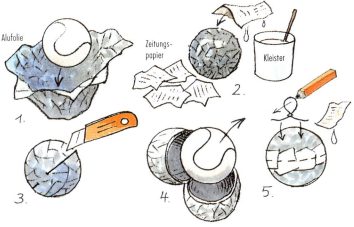

Himmlische Engelsbäckerei

Wenn an klaren Winterabenden vor Weihnachten die Sonne untergeht und den Himmel rot und rosa färbt, dann sind die Engel beim Backen. Es ist die Glut ihrer Backöfen, die das Firmament rötet.
Eine Engelsbäckerei führt das ganze Sortiment vorweihnachtlicher himmlischer Backkunst. Für liebe große und kleine Menschenkinder ist der Einkauf umsonst – er kostet sie höchstens ein Lächeln.

Die Engelsbäckerei entsteht aus einem Verpakkungskarton. Die Deckellasche des Verkaufstisches wird der Länge nach mit einem Messer angeritzt und – nachdem die Rückwand mit Goldpapier bezogen ist – nach innen geknickt und an die Seitenwände geklebt. Zwei Streifen aus Pappe, bezogen mit Goldpapier, bilden die Regale. An einer fingerbreiten, nach unten geknickten Lasche werden sie an die Rückwand geklebt. Eine nach oben gedrückte Lasche an ihrer Vorderkante verhindert, daß die Backwaren herunterfallen.

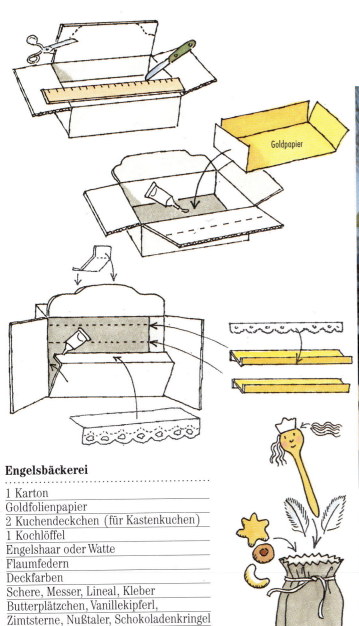

Engelsbäckerei

1 Karton
Goldfolienpapier
2 Kuchendeckchen (für Kastenkuchen)
1 Kochlöffel
Engelshaar oder Watte
Flaumfedern
Deckfarben
Schere, Messer, Lineal, Kleber
Butterplätzchen, Vanillekipferl,
Zimtsterne, Nußtaler, Schokoladenkringel

Regale und Verkaufstisch werden entweder mit selbstgeschnittenen Papierspitzen (Ziehharmonikafaltung!) oder mit Streifen von gekauften Papierspitzendeckchen (für längliche Kuchen) geschmückt. Das Bäckereischild wird von einem hinten angeklebten Kartonstreifen senkrecht gehalten. Der kleine Laden wird mit der gesamten Auswahl des vorweihnachtlichen heimischen Plätzchensortiments gefüllt.
Der Bäckereiengel besteht aus einem bemalten Kochlöffel mit angeklebtem Engelshaar, der in eine Tüte aus Folienpapier gebunden wird.
Die Tüte ist mit Plätzchen gefüllt, die den Nachfüllvorrat für den Laden bilden, denn so lecker präsentiert wird sich das erste Sortiment nicht lange in den Regalen halten.

Fensterengel

Himmlische Heerscharen schweben über die Fensterscheibe und künden von kommenden Festfreuden. Die Engel werden aus Buntpapier geschnitten (Kopf) oder aus Seidenpapier (Kleid) und Drachenpapier (Flügel) gerissen. Der Saum des Kleids, die Schnittkante des Papierbogens, wird wie eine Ziehharmonika gefaltet und wie ein Faltdeckchen eingeschnitten. Mit ein paar Tupfern Kleister an die Scheibe geklebt, lassen sich die Himmelswesen später problemlos und ohne Rückstände wieder vom Glas lösen.

Fensterengel

Buntpapier
Seidenpapier
Pergaminpapier
Farbstifte
Schere
Kleister

Stille Nacht

Eng stehen die Häuser um den Marktplatz. Auf ihren Dächern liegt eine frische Schneedecke. Jetzt in der Nacht ist kein Mensch mehr auf der Straße. Am Tag herrschte hier reges Treiben. Christbäume wurden verkauft und heiße Maroni angeboten. Es gab einen Stand mit Lebkuchen, frischen Eiern und Butter und einen Stand mit warmen Winterjacken aus handgesponnener Wolle. Die Kinder waren auf ihrem Hosenboden und mit dem Schlitten die Bäckergasse hinuntergerutscht, bis fast vor das Rathaus. Jetzt ist es ruhig. Weiße Rauchfahnen steigen aus den Kaminen und setzen Gerüche frei, die an vergangene Weihnachtstage erinnern – mit Tannen-, Nelken-, Zimt- und Weihrauchduft. Mit Hilfe von Papierschablonen werden die Umrisse der Häuser auf ein 2,5 cm starkes Brett gezeichnet und ausgesägt. Der Kamin kann dabei, je nach Sägemöglichkeit, in einem Stück mit dem Haus ausgeschnitten oder extra angeklebt werden. Nach einer Grundierung mit weißer Dispersionsfarbe bekommen die Häuser mit deckenden Farben ihren bunten Fassadenanstrich samt Fenster und Türen. Auf die Kamine werden Flaschenschraubverschlüsse genagelt, nachdem die Einlagen aus Kork oder Plastik daraus entfernt wurden. Duftkegel, die es in Drogerien und auf Weihnachtsmärkten zu kau-

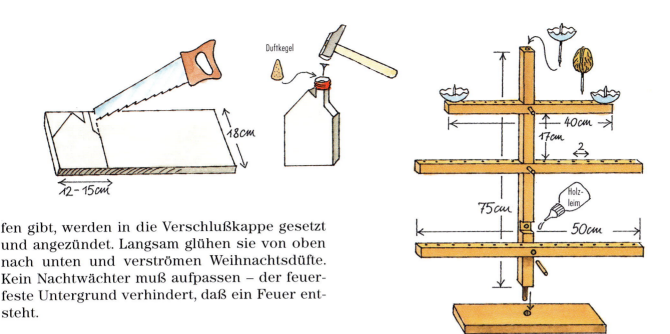

fen gibt, werden in die Verschlußkappe gesetzt und angezündet. Langsam glühen sie von oben nach unten und verströmen Weihnachtsdüfte. Kein Nachtwächter muß aufpassen – der feuerfeste Untergrund verhindert, daß ein Feuer entsteht.

Räucherhäuser	Adventsbaum
Fichtenbrett: 1 m lang, 18 x 2,5 cm	Brett: 2 x 10 cm
Fein-, Stich-, Band- oder Kreissäge	Vierkantleiste: 2 x 2 cm
Flaschenschraubverschlüsse	Leiste: 1 x 2 cm
Dispersions- oder Plakafarbe	5 Kerzenhalter mit Dorn
kleine Nägel mit flachem Kopf	Zahnstocher
Duftkegel	Dübelhölzer: ∅ 3 und 6 mm
	Holzleim
	Dispersions- und Deckfarben

Adventsbaum

An jedem Sonntag im Advent wird eine Kerze angezündet, die oberste und letzte am Weihnachtsabend. Geschmückt mit Sternen, Nüssen, Trockenobst und Backwerk, lädt der Adventsbaum zum Naschen ein und wird deshalb immer wieder frisch bestückt. Ähnliche Gestelle, Pyramiden und Bögen waren in manchen Gegenden Europas der Vorläufer des Weihnachtsbaumes und wurden mit immergrünen Zweigen geschmückt.

In die Schmalseiten der Querleisten werden Löcher (∅ 2 mm) im Abstand von 2 cm gebohrt. Am unteren Ende der Vierkantleiste wird ein Dübel (∅ 6 mm) befestigt und die Leiste in Abständen von ca. 17 cm, an den Kreuzungspunkten der Leisten, 1 cm tief und 2 cm breit ausgestemmt. In die entstandene Nut werden bündig die Querleisten geleimt und mit einem 3 mm starken Dübelholz zusätzlich fixiert. Das Dübelholz steht auf der Vorderseite des Adventsbaumes ca. 1 cm vor und dient zugleich als Aufhängehaken.

Der Leistenbaum wird in die Mitte des Bodenbrettes geklebt, mit roter Dispersionsfarbe grundiert und mit dunkelgrüner und goldener Deckfarbe gemustert. Auf das Mittelholz und die Enden der oberen Querleisten werden Kerzenhalter gesteckt und die überstehenden Dornenden (an den Querleisten) abgezwickt. Buchsbaumzweige werden mit Blumendraht befestigt und auf Zahnstocher Rosinen, Pflaumen, Nüsse und Zimtsterne gespießt. Die Zahnstocher werden in die vorgebohrten Löcher der Querhölzer gesteckt. Kringel aus Eischaum, Sterne aus Stroh und Papier samt Lebkuchenfiguren, an goldenen Fäden oder roten Bändern, zieren zusätzlich den weihnachtlichen Zimmerschmuck.

Am Weihnachtsmorgen

In einer Hütte, gefüllt mit den Wintervorräten für das Vieh, hat ein Paar Schutz vor der Kälte gefunden. Während am Himmel ein ungewöhnlich hell strahlender Stern erschien, hat die Frau in der Nacht ein Kind geboren und es in weiche Windeln gehüllt.

Nun ist es Morgen. Erste Sonnenstrahlen tasten sich durch das Rauhreifgeäst, und der Mann geht vor die Hütte, um Holz für ein wärmendes Feuer zu holen. Die Frau wiegt ihr Kind in den Armen und summt ihm dabei leise ins Ohr. Es ist ein seltsames Lied, von einer Rose, die mitten im kalten Winter zu blühen begann.

Der kleine Heustadel wird aus Obststeigenbrettern und einem Verpackungskarton gebaut. Mit einem Cutter oder Teppichmesser werden aus dem Karton die Verschlußklappen, die Vorderseite und Teile der Seitenwände geschnitten. Die Rückseite wird zu einem Spitzgiebel geschnitten und eine Fensteröffnung ausgeschnitten. Seitenwände und Rückwand werden nun innen und außen mit Obststeigenbrettern beklebt, die bündig mit dem Karton abschließen. Sie lassen sich am besten mit einer Puksäge schneiden. Auf den Kartonboden werden Bodenbretter und über die Seitenwände Dachbodenbretter mit einem Lukeneinschnitt geklebt. Die Stirnseite der Seitenwände wird mit fingerbreiten Leisten verblendet. Sie sind oben im selben Winkel abgeschrägt wie der Spitzgiebel auf der Rückseite. Als Dach wird ein geknickter Kartonstreifen, vorne und rückwärts fingerbreit und auf den Seiten ca. 5 cm überstehend, aufgeklebt. Er bekommt ca. 4 cm lange Schindeln aus Kistenholz und eine Giebelverblendung aus 1 cm breiten Leisten. In die Fensteröffnung wird ein Fensterkreuz geklebt und um das Fenster ein Rahmen. In der Luke zum Dachboden lehnt eine Leiter aus 0,5 cm starken Leisten und Vierkanthölzern. Vor dem Haus stapelt sich Brennholz aus gespaltenen Ästen auf einem Brett mit vier Begrenzungspfosten.

Abends fällt milder Schein durch die Dachluke und beleuchtet Mutter und Kind. Das Licht stammt von einem Birnchen auf dem Dachboden, das sich mit einer Batterie hinter dem Heu verbirgt.

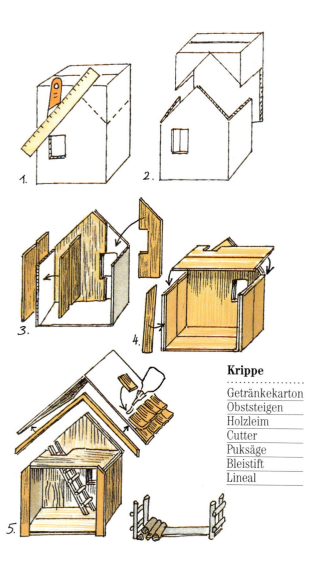

Krippe

Getränkekarton
Obststeigen
Holzleim
Cutter
Puksäge
Bleistift
Lineal

Krippenfiguren

Die Körper der Figuren sind biegbar. Sie werden aus Draht geformt und mit Kreppklebeband umwickelt. Die Köpfe der Figuren werden aus Plastika (Bastelbedarf) modelliert und nach dem Trocknen mit Deckfarben bemalt. Die Frau trägt einen Zopf aus Flachs, die Haare von Mann und Kind sind aus Pelz. Die Kleidung wird nicht zusammengenäht, sondern zusammengeklebt. Der Mann bekommt Strümpfe aus gewickelter Wolle, die Beine der Frau stecken in weißen Kordelschläuchen. Für die Schuhe werden Lederreste entsprechend eingeschnitten und um die Fersen geklebt.

Krippenfiguren

Draht: Ø 1 mm
Kreppklebeband
Plastika
Deckfarben
Stoff- und Lederreste
Hanf- und Pelzreste
Kleber

Das Schloss der Schneekönigin

Hoch oben im Norden, im ewigen Frost, steht der Palast der Schneekönigin. Sie herrscht dort in den Sommermonaten mit einer Dienerschaft von Schneehasen – Schneehühner sind ihre Kammerfrauen. Sie trägt ein Kleid mit Eisblumenstickerei und auf ihrem silbernen Haar ein Diadem aus Eiskristallen. Wenn es Winter wird, verläßt sie ihren Palast. Dann hüllen sie ihre Kammerfrauen in einen Flor von Schneeflocken, und die Diener spannen sechs weiße Hermeline vor ihren Schlitten. Auf ein Zeichen ihrer eisblauen Augen jagen die Tiere davon. Mit großen Sprüngen setzen sie über den Himmel und wirbeln mit peitschenden Schwänzen Wolken auf. Die Wolken türmen sich übereinander, werden dunkler und dunkler, und ein Schneeschleier legt sich auf das Land.

Der Eispalast wird aus Kartons, Schachteln und glänzenden Geschenkpapieren gebaut, die nach der großen Weihnachtsbescherung anfallen.
Für den Thronsaal werden drei Schachteln nebeneinandergeschoben und mit einem Papiermesser aus der Vorderseite der Schachteln weite Spitzbogenöffnungen geschnitten. Schlankere Spitzbögen werden aus beiden Seitenwänden des mittleren Kartons bzw. aus einer Seitenwand der äußeren Schachtel geschnitten. Die drei Schachteln werden zusammen- und dann auf einen Kartonstreifen geklebt. Nach dem Bemalen mit Dispersionsfarbe bekommen sie Aufsätze aus kleineren Schachteln und Kegeldächer, bezogen mit Stanniolpapier, aufgeklebt. Zackige Zinnen werden aus dünnem Karton, bezogen mit Geschenkpapier, geschnitten. Die Enden der Spitzbögen des Palastes ruhen auf Papprollensäulen mit Kapitellen aus Glanzpapier. Zwei weiße Fensterrahmen aus Zeichenkarton werden mit Transparentpapier beklebt und auf die Fensteröffnungen geklebt. In Wattebällchen, auf den Dachspitzen, werden hölzerne Zahnstocher mit Stanniolkugeln und Fähnchen aus Drückblechfolie gesteckt. Im Thronsaal wird auf eine Treppe ein Schachtelthron, und an die Spitzbogenöffnungen werden „Eiszapfen", gerissen aus weißem Seidenpapier, geklebt. Eisprismen-Lüster, mit Klebestreifen an der Saaldecke befestigt, reflektieren das Nordlicht.

Schloß

Kartons und Schachteln
Folienpapier
Papprollen
Zahnstocher
Wattebällchen
weißes Seidenpapier
Kleber
Papiermesser
Schere
Dispersionsfarbe

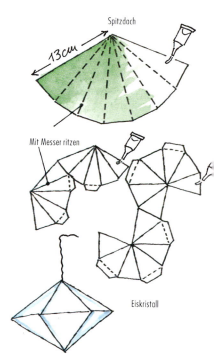

Register

Äste, Stecken
Laternenbaum 62; Auslegerboot 70; Bambusbrücke 96

Blech
Windhase 24; Windschiff 25; Leuchtturm 97; Windgaukler 109

Bretter, Bohlen
Schellen-Ursli 12; Hoppelhase 13; Katzentisch 74; Krokodilhocker 75; Kuh 76; Pferd 76; Händler 78; Koch 79; Fischdose 80; Enten- und Gansdose 81; Segelschiff 84; Zaungäste 110; Clown 111; Räucherhäuser 132

Buntpapier
Girlanden 60

Filterpapier
Hasenfrauen 20; Blütenester 22; Schlüsselblumennest 23; Ostereier 23

Fotokarton, Geschenkpapier
Schultüten 102

Holzabfall, Strandholz
Flußschiffe 98; Bürstentier 99; Holzschwärmer 100; Philemon 100; Tukan 101

Japan-Papier
Leucht-Tipi 68; Japan-Drachen 106

Knetmasse
Clowns 112; Schneckenfüßler 113; Fuzzeltiere 113; Obst- und Gemüse 114; Zwerge 115; Krippenfiguren 134

Kreppapier
Nixenkranz 8; Krause 9; Schleife 9; Schmetterlingsschleife 9; Clownmützen 9

Leisten, Latten, Vierkanthölzer
Trommelkasper 6; Ratsche 12; Küken 17; Schlangen 72; Zugmaschine mit Anhänger 82; Transporter 83; Luftjongleure 108; Sternenanzünder 120; Lichterfrauen und Kerzenmänner 121; Nußknacker 123; Adventsbaum 133

Obststeigenbretter
Krippe 134

Pappe, Papprollen, Verpackungskarton
Kreisel 10; Insulanerdorf 70; Flugzeug 86; Windwagen 88; Vampir 92; Möwe 93; Weltraumstation 94; Obst- und Gemüsestand 114; Engelsbäckerei 130; Schloß 136

Pergaminpapier (Drachenpapier)
Lichterwürfel 61; Steglaternen 62; Lichtzylinder 63; Ballonlaterne 64; Lampionbogen 65; Scheibendrachen 104

Schreibmaschinenpapier, Zeichenpapier
Bauer mit Kuh 34; Wiesenbild 35; Seerosen 66

Seidenpapier
Fensterblumen 34; Fensterengel 131

Sperrholz
Schule 18; Seerosenblatt 66; Weihnachtsmänner 124; Kerzenhalter-Engel 125; Sterne 128

Stroh, Leisten, Schnur
„Ra" 58

Ton
Schnecke 26; Echsen 26; Vogel-Schälchen 28; Huhnterrine 29; Kräuterfrau 30; Zwergenhaus 32; Vögel 52; Fischkacheln 53; Wandleuchter 54; Blumenleuchter 55; Pharaonen-Maske 56; Kanopen 57; Saurier 116; Blatt-Kacheln 118; Schneesterne 119

Wolle, kardiert
Filzbälle 40; Filzstiefel 42; Puppe 44; Tasse aus Filz 45; Maulwurf 45; Filzmatten 46; Topflappen 47; Gans, Ente und Punkthuhn 48; Murmeltier 49; Umhängetaschen 50; Katzentasche 50;

Zeitungspapier, Kleister, Luftballons
Großer Hase 14; Hase im Nest 16

Zeitungspapier, Kleister, Tennisball
Weihnachtskugeln 129

Zeitungspapier, Kleister, Verpackungsabfall
Mäusemutter mit Kind 36; Saurier, Leopard und Elefant 38; Meerschweinchen, Hund und Katze 39; Ausflugsdampfer 90; Landschaft 116; Nikolausstiefel 126

Adventsbaum	133	Katze	39
Ausflugsdampfer	90	Katzentasche	50
Auslegerboot	71	Katzentisch	74
		Kerzenhalter-Engel	125
Ballonlaterne	64	Kerzenmänner	121
Bambusbrücke	96	Koch	79
Bauer mit Kuh	34	Kuh	76
Blatt-Kacheln	118	Küken	17
Blumenleuchter	55	Krause	9
Blütennester	22	Kreisel	10
Bürstentier	99	Kräuterfrau	30
		Krippe	134
Clowns	111, 112	Krippenfiguren	135
Clown-Mützen	9	Krokodilhocker	75
Echsen	26	**L**ampionbogen	65
Elefant	38	Landschaft	117
Engelsbäckerei	130	Leopard	38
Ente	48	Leucht-Tipi	68
Entendose	81	Leuchturm	97
		Lichterfrauen	121
Fensterblumen	34	Lichterwürfel	61
Fensterengel	131	Lichtzylinder	63
Filzbälle	40	Luftjongleure	108
Filzmatten	46		
Filzstiefel	42	**M**aulwurf	45
Fischdose	80	Mäusemutter mit Kind	36
Fischkacheln	53	Möwe	93
Flugzeug	86	Murmeltier	49
Flußschiffe	98		
Fuzzeltiere	113	**N**ikolausstiefel	126
		Nixenkranz	8
Gans	48	Nußknacker	122
Gansdose	81		
Girlanden	60	**O**bst- und Gemüsestand	114
Großer Hase	14	Ostereier	23
Händler	78	**P**ferd	76
Hase im Nest	16	Pharaonen-Maske	56
Hasenfrauen	20	Philemon	100
Holzschwärmer	100	Puppe	44
Hoppelhase	13		
Huhn	48	„**R**a"	58
Huhnterrine	29	Ratsche	12
Hund	39	Räucherhäuser	132
Insulanerdorf	70	**S**aurier	38, 116
		Schellen-Ursli	12
Japan-Drachen	106	Scheibendrachen	104
		Schlangen	72
Kanopen	57	Schleife	9

Schloß	136
Schlüsselblumennest	23
Schmetterlingsschleife	9
Schnecke	26
Schneckenfüßler	113
Schneesterne	119
Schule	18
Schultüten	102
Seerosenlichter	66
Segelschiff	84
Spardose	38
Steglaternen	62
Sterne	128
Sternenanzünder	120
Tasse aus Filz	45
Topflappen	47
Transporter	83
Trommelkasper	6
Tukan	101

Umhängetaschen	50
Vampir	92
Vögel	52
Vogel-Schälchen	28
Wandleuchter	54
Weltraumstation	94
Weihnachtskugeln	129
Weihnachtsmänner	124
Windgaukler	109
Windhase	24
Windschiff	25
Windwagen	88
Zaungäste	110
Zugmaschine mit Anhänger	82
Zwerge	115
Zwergenhaus	32